JN171444

La science sauvage de poche

05

知の橋懸《がか》り

能と教育をめぐって

Une passerelle du savoir

土屋惠一郎×中沢新一

Keiichiro Tsuchiya, Shin'ichi Nakazawa

明治大学出版会

Contents

はじめに　能のむすぼれ　中沢新一

土屋惠一郎さんと私をつないでいるのは友情と能である。その友情を育んだのは能にたいする共通の関心であるから、けっきょく能が二人を結んでいると言える。

私たちはほぼ同じ時代を体験して育ち、よく似た知的環境の中で、それぞれの人格を育ててきた。そのため一九八〇年代の始め頃、おたがいの作品をひっさげて世の中に登場していったとき、二人の趣味や思考方法の傾向が似通っていることに、おどろきを感じたものである。

もちろん土屋さんはホッブスを研究する着実な法学者であり、私のほうはなんだかよくわからない夢想を追いかけている学者とも作家ともつかない曖昧な存在をもてあましているという違いはあったが、能に対する関心だけは共通していたのである。

土屋さんとは、松岡心平さんという後に東大教授になった能楽研究者の紹介で、おたがいまだ若い頃に知り合った。その頃の土屋さんはずいぶんとシャイな人で、私もまだ自意識の強い頃で、まともな話はできなかったというのを覚えている。

土屋さんと松岡さんは仲間といっしょに「橋の会」という、能の上演をめざす研究グループをはじめたばかりだった。能について書いたり語ったりという研究者は多かったが、自分たちの観たい能の演目を能役者にじっさいに上演してもらって、それを研究に役立てていこうという実践的な試みをはじめたのは、後にも先にも「橋の会」以外には見当たらない。それほど土屋さんたちの試みは、画期的だったのである。

その「橋の会」のおかげで、私は『定家』のようなめったに見られない演目を観ることができた。この作品には衝撃と感動をおぼえた。そのとき植物的アニミズムと能との深い関係を直感した私は、のちのち金春禅竹の『芭蕉』を論じるとき、あのときの『定家』の感動を思い出しながら、自分の書く言葉に植物の意識を染み込ませようとした。

すると私の書いたその文章を読んだ土屋さんから、身に余るほどのお褒めの言葉をいただいたのである。私は「それはあの『定家』のおかげですよ、土屋さんたちのおかげですよ」と言いたかったが、そんなことを言うとシャイな土屋さんはまた黙りこくってしまうと思い、黙って照れていた。

その土屋さんがいまや明治大学の学長である。おおげさに言えば、いまの日本に稀な「哲人学長」である。そして私はその大学で研究所を開いている。人と人の結びつきの不思議さを思わずにいられない。

そういう二人に能をめぐって対談させてみようと目論んだのは、明治大学出版会の須川善行さん。この「La science sauvage de poche」の企画と編集を最初からずっと担当している方である。対談しながらときどき二人とも若い頃のナイーヴな感覚に戻っていることがしばしばで、心は年をとらないものだというれしい発見を何度も味わった。編集には「明治大学野生の科学研究所」の野沢なつみさんの協力を得た。みなさんありがとうございました。

第1章

能はどこから来て、どこへ行くのか

土屋恵一郎×中沢新一

『チベットのモーツァルト』と能

土屋　中沢さんとはずいぶん長いつきあいになりますね。少なくとも、一九八三年に**『チベットのモーツァルト』**を出版したときは、知っていたんですから。

私の師匠は哲学者の**中村雄二郎**で、その中村は中沢さんを東京外国語大学に引っ張った**山口昌男**さんの論壇におけるパトロンだったので、そこに中沢さんを知る機会がありました。そして、これまた当時のアカデミズムの中で意図して**トリックスター**になろうとした、**栗本慎一郎**さんのような人が私と明治大学の研究室を共有していたりして、ここでも、山口昌男、栗本慎一郎、そして中沢新一、**浅田彰**といったネットワークがあって、私もその片隅にいたわけですね。

私はそのころは、能のプロデューサーとしての方が楽しかったので、あんまり中沢さんとも話したこともなかったのですが、本は全部読んでいて、こんな才能は妬ましかったかな。私だって、能や元禄歌舞伎の本を出したり、ダンス批評もやり、生け花の本も書き、もちろん本来の法哲学や法思

『チベットのモーツァルト』
せりか書房、一九八三／講談社学術文庫、二〇〇三。

中村雄二郎
一九二五―　。哲学者。該博な知識に基づき、西洋哲学から文化・言語・科学・芸術まで、さまざまなジャンルのテーマを論じた。著書に『共通感覚論』『魔女ランダ考』。

山口昌男
一九三一―二〇一三。文化人類学者。「トリックスター」概念や中心―周縁理論を援用し、あらゆる分野を横断する評論活動を行って、特に一九七〇年代の日本の知的状況を挑発・活性化した。晩年には幕末以降の人的ネットワークを独自の視点から探る歴史人類学という分野を切り開いた。著書に『道化の民俗学』『「敗者」の精神史』。

想史の本もあり、領域横断的といったらかっこいいけれど、要するに行方知れずのことばかりで、中沢さんのような文学がなかった。
　中沢さんの本のタイトルがまたいい。『**雪片曲線論**』とか『**森のバロック**』とか。『チベットのモーツァルト』もそうですね。あまりにも文学的といえばそうだけれど、まず本のタイトルで引き込まれてしまう。
　そうこうするうちに、中沢さんが『**精霊の王**』の中で、「緑したたる金春禅竹」というタイトルの文章を書いてしまう。**世阿弥**の娘婿である**金春禅竹**についての文章ですね。「緑したたる金春禅竹」は言うも言ったり見事なタイトル。『**蜜の流れる博士**』という南方熊楠論とつながるタイトルですね。自然の中の流体的なものが人間と一体となって、そこに言葉が生まれる。中沢さんでなければできなかったことです。金春禅竹の能の作品に現れる植物のイメージが実に見事に分析される。
　さらに中沢さんの能の翻訳というか、言語化がまた見事で、いろんなところで話しましたが、これほどに能の謡曲を現代語にしてみせた人はいないでしょう。しかも、それがきちんと中沢さんの哲学というか、思想というか、その言葉に翻案されている。自然も人間も流体になって未分化のままに言葉になるんですね。

トリックスター
神話や民話に登場し、社会の秩序をかき乱すいたずら者である一方、人間に知恵や道具をもたらす。道化などと並び、文化の活性化や、社会関係の再確認といった役割を果たす。

栗本慎一郎
一九四一— 。経済人類学者、政治家。『パンツをはいたサル』（一九八一）がベストセラーとなり、経済人類学を広く認知させたほか、雑誌、TVなどでも活躍した。著書に『幻想としての経済』『意味と生命』。

浅田彰
一九五七— 。経済学者、社会思想史家。『構造と力』（一九八三）、『逃走論』（一九八四）が内容の難解さに比して記録的なベストセラーとなり、中沢新一とともにニューアカデミズムの旗手とされた。

『雪片曲線論』
青土社、一九八五／中公文庫、一九八八。

そんなことを思っていると、やはり中沢さんの個人史の中で、能がどういう位置にあるのかを聞きたくなる。中沢さんの読者もそうじゃないかな。中沢さんの能に対する関心の出発点は何だったんですか。

中沢 能、狂言には子供のころからとても関心があったのです。中世芸能にすごく関心を寄せた時期もあって、大学に入ったときには、狂言を自分でやろうとしていたくらいでした。

土屋 自分でやろうとしたんですか、どういうふうに？

中沢 演じたいと思いました。

土屋 それは具体的な場所があったんですか。

中沢 狂言サークルに入って、本格的にやろうかなと思った時期もありました。狂言を演ずることについては、今も関心があります。狂言の台本が好きです。ギャグですからね。ギャグを演じているのに、それが古典形式にのっとって書かれていて、しかも言語がきれい。もう僕にとってはたまらない魅力です。

土屋 狂言をやってたんですか、単に自分の家でやってたんじゃなくて？

中沢 同じ関心をもった友達もいました。もちろん物真似程度ですけれど。能に対する関心がどこから来ているかというと、学生時代に**折口信夫**に

『森のバロック』
せりか書房、一九九二／講談社学術文庫、二〇〇六。

『精霊の王』
講談社、二〇〇三。

世阿弥
ぜあみ。一三六三頃—一四四三頃。室町前期の能役者・能作者。父・観阿弥とともに能を大成した。特に、夢幻能という新しい形式を完成させて、能の芸術性を高めた功績は大きい。伝書に『風姿花伝』、作に「高砂」「井筒」。

金春禅竹
こんぱる・ぜんちく。一四〇五—一四七〇頃。室町中期の能役者・能作者。世阿弥の娘婿となり、相伝を受ける。金春座中興の祖とされる。著作に『歌舞髄脳記』、作品に「芭蕉」「定家」など。

『蜜の流れる博士』
せりか書房、一九八九。

のめり込んでよく読んでいた「**翁の発生**」あたりで、能そのものというよりも、能の前史ですよね、そこに論じられていたのは。能の前史に対する折口の解釈に、熱狂しましたね。さっそく、三信遠地方の**花祭**地帯へ出かけていって、年末からお正月は、ほとんどそっちで過ごしていたくらいです。花祭、冬祭は、さんざん見ました。折口さんがいう**翁**の原形が、どういう雰囲気のところで、どういうシチュエーションで登場するのか、それで直観的にだいたい体得しました。

土屋　それは学生時代ですか。

中沢　学生時代です。大学一年くらいかな。それ以後も、ずっと通っていました。僕はそういう折口的な目でお能を見ていたわけです。偏ってますよね。

そうすると、翁がきわめて特殊なジャンルで、いわゆる**夢幻能**とは構造がまったく違うことがわかってきました。僕の認識としては、お能は二つの違う層を合体したもので、合体した下の方に翁がいて、それが自分の関心のもとになっていることがわかってきました。

『精霊の王』という本を書くに至ったのは、そういう経緯です。後で詳しくお話ししますけど、能のいろいろな謡曲台本を読んでいて、自分の関心

折口信夫
おりくち・しのぶ。一八八七―一九五三。民俗学者、国文学者、詩人、歌人。柳田國男の高弟として民俗学の基礎を築いた。マレビト論に代表される研究は「折口学」とも称される。詩人、歌人の、釈迢空（しゃく・ちょうくう）としても知られる。著書に『古代研究』『死者の書』。

「翁の発生」
『折口信夫全集　2』中央公論社、一九九五／『古代研究Ⅱ』角川ソフィア文庫、二〇一七、などに所収。

花祭
釈迦の誕生を祝う仏教行事、灌仏会（かんぶつえ）の別名。釈迦の誕生日である四月八日に、花御堂（はなみどう）に安置した釈迦像に甘茶を注ぎ礼拝する。

翁
能の演目のひとつ。神聖な曲として他の曲と別種に扱われる祝言曲。翁・千歳（せんざい）・三番叟（さんばそう）の三人の歌

に一番近いことをやっているのが金春禅竹であることが、大学院の一年生くらいのころにわかってきました。

当時、僕は**小松和彦**さんととても仲がよくて、一緒にいろいろ話してたときに、小松さんが、こういう本があるといって『**明宿集**』を出してきたんです。『明宿集』は宇宙論としてすごいんだと。読んでみて、衝撃を受けました。けれど、難しくて、読み解くのにとても時間がかかりました。金春禅竹にせよ『明宿集』にせよ、「翁」の原形になるものに対する関心から発していますね。

土屋 中沢さんの本としては、『チベットのモーツァルト』が最初に読んだ本ですけど、『チベットのモーツァルト』とその翁への関心は重なっていますか？　そこがとっても知りたい。

中沢 モーツァルトの音楽は、表面上はなだらかに美しく作ってありますが、下の方で鳴っている和音がときどきひどく不気味です。最近**アファナシエフ**というロシア人のピアニストがそういうことに気がついて、その考えにもとづいて幻想曲を演奏しています。そのアファナシエフのＣＤのジャケットを見ると、驚いたことに『**チベットの死者の書**』をあしらってあるんです。「このピアニスト、僕の本読んだのかな」と思うぐらいびっ

舞からなり、天下泰平・国土安穏・五穀豊穣を寿（ことほ）ぐ。原則として、翁に続いて同じシテ・地謡・囃子方で脇能を演じる。

夢幻能
世阿弥が確立した能の様式で、名所旧跡を訪れる旅人（ワキの僧侶など）の前に、超現実的存在（神・霊・精など）の主人公（シテ）が出現し、土地にまつわる伝説や身の上を語る。これに対し、生きている人間のみが登場する能は「現在能」と呼ばれる。

小松和彦
こまつ・かずひこ。一九四七―　。文化人類学者、民俗学者。口承文芸論、妖怪、シャーマニズム、民間信仰などを研究。著書に『異人論』『「伝説」はなぜ生まれたか』。

『明宿集』
金春禅竹が書いた能楽理論書。一九六四年に金春宗家から発見された。猿楽に出てくる「翁」は「宿神」、宿神は天体の中心

くりしました（笑）。

表面上のロココふうに秩序だって流れていくものの下に不気味な律動がある、というところをアファナシエフは取り出しますが、僕の『チベットのモーツァルト』も同じ考えで書かれています。というより、「チベットのモーツァルト」とは、下の層で湧き立つ不気味な律動をかかえたテクストという意味です。

ヴァレリー・アファナシエフ
『アファナシエフ・プレイズ・モーツァルト』

である北極星、すなわち宇宙の根源である「隠された王」である、とされる。中沢新一『精霊の王』には、著者による現代語訳が収録されている。

アファナシエフ
ヴァレリー・アファナシエフ。一九四七─　。ロシアのピアニスト、詩人、作家。ピアニストとしては、渋めのレパートリーと独自の解釈が有名。著書に『ピアニストは語る』。

『チベットの死者の書』
正式名称は「バルドゥ・トエ・ドル」。原典からの翻訳は、川崎信定訳、筑摩書房、一九八九年／ちくま学芸文庫、一九九三年。臨死者の魂の解脱を助けたり、死者を供養するために用いられる。死出の旅路の間、「中有」（バルドゥ）にある魂の状態を描写している。

サンボリック／セミオティック

中沢　その考えを理論化するときに役に立ったのが、**クリステヴァ**の『**詩的言語の革命**』という本で、これはとても参考になりました。それは自分の能に対する関心とも重なっています。表現を二層構造で考えているんですね。夢幻能の下には翁のようなものがあって、翁の方は物語構造ではなくて、湧き立ってくる律動だけを取り出します。能はモーツァルトの音楽のように、聞こえない下層部で鳴り響いてる律動をとりだす作業に近いものですから、僕の中では二つは重なっているのです。

土屋　そのクリステヴァの『詩的言語の革命』が参考になったというのは、どういう点ですか。

中沢　『詩的言語の革命』は、人間の表現行為を**サンボリック**と**セミオティック**の二層に分けます。サンボリックの方は、言語の構造とシンタックスをもっていて、意味表現をしますが、セミオティックの方は、身体領域から湧き上がってくる欲動をリズム化する作業です。人間の表現はこの二層の組み合わせと弁証法としてできていて、ときどき下層のセミオ

クリステヴァ
ジュリア・クリステヴァ。一九四一―　。フランスの文学理論家、著述家、哲学者。精神分析、ロシア・フォルマリズム、ヘーゲル主義の影響を受け、さまざまな分野での議論を展開した。『テル・ケル』にも参加している。著書に『セメイオチケ』『サムライたち』。

『詩的言語の革命』
第1部、原田邦夫訳、勁草書房、一九九一年／第3部、枝川昌雄ほか訳、勁草書房、二〇〇〇年。

サンボリック／セミオティック
ソシュールの「ラング」（公用語）／「パロール」（私的用語）という言語をめぐる図式を発展させ、欲動が渦巻く「セミオティック」／主体が支配する「サンボリック」の弁証法を提唱する。

ティックが上の層へ噴き出してしまうことがある。それがたとえば社会的レベルの事象になると、「革命」になるというのが、あの本の大きいテーマです。

具体的に取り上げている例は**マラルメ**です。マラルメは、『チベットのモーツァルト』じゃありませんが、下の方で鳴り響いてる欲動リズムを取り出して、詩の表現の表層へもってくるという作業をやっていますが、この本はそこに着目しています。それが、あのころの僕の人間の表現の分析に一番役に立ちました。完全に西欧的な**デリダ**や**ドゥルーズ**より役に立ちました。クリステヴァの思考には、どこか東洋的なところがあって、それが能を考えるのに役に立ったのかもしれません。

土屋 能におけるサンボリックとセミオティックは、どういうところに見えてくるんでしょうか。

中沢 翁は、セミオティックそのものの表現だと思います。物語構造は、サンボリックに属します。世阿弥の能を見ると、この二つを入れ子状態で組み合わせてあります。夢幻能自体は、非ヒューマン領域から立ち上がってくる力を、物語構造の中へ組み込むわけですから、セミオティックなものをサンボリックなものに組み込む作業をやっているというふうに見てい

マラルメ
ステファヌ・マラルメ。一八四二―九八。フランスの象徴派詩人。その詩と評論は非常に難解であることで知られる。著書に『半獣神の午後』『骰子一擲』。

デリダ
ジャック・デリダ。一九三〇―二〇〇四。フランスの哲学者。西欧哲学のロゴス中心主義を批判し、脱構築(ディコンストラクション)理論を展開した。著書に、『グラマトロジーについて』『エクリチュールと差異』。

ドゥルーズ
ジル・ドゥルーズ。一九二五―九五。フランスの哲学者。西欧の伝統的な哲学や近代的な知の階層的体系を批判し、より横断的・流動的なリゾームやノマドの概念を提示した。著書に『差異と反復』『シネマ』1、2。精神科医のフェリックス・ガタリとの共著に、『アンチ・オイディプス』『千のプラトー』。

ました。

土屋　それは面白い。確かに能にとって、物語と舞との関係は、サンボリックとセミオティックの関係だとも言えますね。物語は変わっても、そこに組み入れられる「序之舞」は変わらない。「舞」のうちには古代的な層があって、「物語」はそれを組み込んで、能という芸能の力にしてきたわけですね。だから、時として、「舞」と「物語」が調整しきれないままに、並べられ組み込まれる場合もある。その緊張は、まさにサンボリックとセミオティックの緊張ですね。

観世寿夫の衝撃

土屋　そもそも僕が能を観始めたのは、わりと遅いんです。本当に観始めたのは、大学院生のころですから、二四、五歳になってからです。観始めたといっても、**観世寿夫**という人がいたので、能を観に行くというよりは観世寿夫を見に行くという方に近かった。むしろ能を観世寿夫というフィルターを通して観ていたわけで、そこに出てきたのは、ふつう考えられている能とは違うものだったんです。さっきのサンボリック／セミオティックじゃありませんが、観世寿夫という身体の、いわば圧力みたいなものに魅力があって、能そのものよりも、観世寿夫という圧力がどう能という形式の中で出てくるのかということの方にずっと関心がありました。観世寿夫の謡を今聴いてもいいなと思うのは、声そのものが直接のリアリティをもっているからで、そちらの方が僕にとっては衝撃的だったんです。

その声のリアリティは、**パヴァロッティ**の声と同じだし、あるいはその他のオペラ歌手の声でも同じですよ。オペラであるか能であるかといった違いは関係ない。声そのものがもつセミオティックな力に圧倒されたこと

観世寿夫
かんぜ・ひさお。一九二五—七八。能楽師。天分と精進と理論の兼ね備わった名手で、能界に大きな影響を与えた。傑出した演技で古典の能に新風を吹き込むほか、新しい演劇運動にも大きな足跡を残した。

パヴァロッティ
ルチアーノ・パヴァロッティ。一九三五—二〇〇七。イタリアのテノール歌手。「神に祝福された声」「キング・オブ・ハイC（三点ハの王者）」と評された豊麗な美声、申し分ない声量、明晰な発音、輝かしい高音が魅力の、二〇世紀後半を代表するオペラ歌手のひとり。

がひとつの原因でした。そこから能に入っていったので、最初から能を物語として考えたりすることはなかったし、ましてや翁がどうこうといったことは全然考えていませんでした。

そういうことを考えるようになったのは、「**橋の会**」をやるときに、**松岡心平**たちと勉強会をやる中で教えてもらってからです。それでいろんなことを考えましたが、その前は物語も知りませんでした。聞いてもわからないし（笑）。この能がどういう物語であるかということにも、あまり関心はもっていませんでした。

「**芭蕉**」や「**定家**」という演目を観世寿夫がやっていても、その定家の話が何なのかはまったくわからない。ましてや「芭蕉」なんて、全然わからない。ただ、観世寿夫がそこにいて、やっている。あ、すごい。そのすごさに対する驚きだけだったんです。

パヴァロッティだって、オペラの物語も知らないで観ていましたね。「**トゥーランドット**」を最初に観たのは、たしかロンドン留学中なので三七、八歳のときでしたが、やっぱり物語はまったくわかりませんでしたね。

中沢　声を聴いているわけですね。

「橋の会」
土屋が主宰していた能の上演団体。くわしくは、第3章参照。

松岡心平
まつおか・しんぺい。一九五四— 。能楽研究者。研究の一方で「橋の会」運営に参加し、廃曲となった能の復曲・上演などの実践的活動にも携わっている。著書に『宴の身体』『中世芸能を読む』。

「芭蕉」
金春禅竹による謡曲。芭蕉の精を主人公にし、その成仏を主題にしたもの。

「定家」
金春禅竹によるとされる謡曲。旅の僧の前に式子内親王の霊が現れ、藤原定家の執拗な愛情が死後葛となって墓石にからみついていると語る。一一四ページも参照。

土屋　声を聴いているわけ、ただひたすら。でも、圧倒されるんです。そのときの歌手はたいした人ではありませんでしたが、やっぱり生で聴いていると、その圧倒的な音に完全にやられてしまうんです。ただ、そのときも「トゥーランドット」の物語は全然知らないわけです。脚本《リブレット》も読まないで行っているから、なぜここで人間が死んでいくのか、なぜこういう展開になるのかまったくわからないわけです。しかし、すごいということだけはわかる。僕は、能もそうなんですよ。「羽衣」くらいはわかるけど、「定家」になるとわからない。どういう話なの、これはって思っちゃう。

中沢　いまだにわかりませんよ。

土屋　でも、それを観世寿夫という人が舞っていると、その声と、間合いの素晴らしさにただ圧倒される。寿夫さんは若くして亡くなってしまいますが、僕はそこから本格的に能について考え始めたんです。だから、僕が能の勉強を始めたのは、まさに観世寿夫という存在の欠落を補うためだったんです。

中沢　かっこいいなあ。

土屋　要するに、何にも知らなかったんですよ。まさに、さっきの話に出てきたセミオティックの欠落を、どうやってサンボリックで補うのかとい

「トゥーランドット」
カルロ・ゴッツィの寓話劇に基づくジャコモ・プッチーニのオペラ。舞台は中国の北京で、タタール国の王子カラフが、トゥーランドット姫が求婚者に出す三つの謎を解くと、冷酷な姫の心に変化が生じ、王子と姫は結ばれる。

うことなんです。寿夫さんは一九七八年に亡くなっていますから、それからもう四〇年近く経っています。僕は、長いこと能に関わってきて、その間、観世寿夫の欠落をどうやって補うのかという問いの連続でした。自分でも能をプロデュースしてきましたが、それを補うことは結局まだできていません。

世阿弥と金春禅竹

土屋　でも、僕のように観世寿夫さんを観に行っていたという人は多くて、**渡邊守章**さんなんかは、明らかに観世寿夫が死んでから能を観なくなったと思います。

中沢　ああ、守章さんもそうなんですか。

土屋　それだけ寿夫さんの芸に力があって、そこに惹かれていたから。観世寿夫という身体と能という形式のギャップはいつも感じていました。はたしてこれが本当に能なのか、と。一方で、能のファンの中には、これは能ではないという人もはっきりいましたしね。能にしては、声や節のとり方などにあまりに癖があったから。

さっきお話ししたようなギャップを常に感じてたので、能の物語というものに観世寿夫の欠落を補うに足る意味があるのかと考えたときに、初めてそこで世阿弥という戦略、世阿弥が考えた能の戦略の巧みさがわかってきました。

僕が初めて『**能　現在の芸術のために**』という能の本を書いたときも、

渡邊守章
わたなべ・もりあき。一九三三―。演出家、フランス演劇が専門だが、能楽など日本の演劇にも造詣が深い。演出作品に「内壕十二景」「繻子の靴」、著書に『虚構の身体』『演劇とは何か』。

『**能　現在の芸術のために**』
新曜社、一九八九／『能、世阿弥の「現在」』（改題）角川ソフィア文庫、二〇一四。

僕は祭儀的な能の捉え方には反対だったんです。つまり、山口昌男、中沢新一、松岡心平という流れの、祭儀的な場面で能を解釈していくやり方ですね。むしろ世阿弥という存在に対する関心は、日本の古層にあった芸能からいかに世阿弥が離脱するかということの方にあった。

それをまた否定するものとして、金春禅竹が出てくると思うんです。「いや、それだけじゃダメでしょう、おじさん」というかたちで。『明宿集』は、まさに世阿弥の限界に対する指摘ですよね。

中沢　弁証法ですよね。

土屋　もっとすごいことがあったじゃないか、といいたかったんでしょう。それは世阿弥もわかっていたと思います。だから世阿弥の最後の手紙は、禅竹宛だったんでしょう。禅竹に宛てて、おまえにすべてを託すみたいな手紙を書くわけだけど。でも禅竹にしてみれば、世阿弥の偉大さを認めながらも、それだけじゃダメだろうと思っていたはずです。

みんなそうなんですね。息子の**元雅**もそうです。元雅は、「**隅田川**」にしてもそうですが、一種の世話物的な世界に帰るでしょう。その要素は世阿弥にはありませんでした。だから、能というのも、たとえば世阿弥が祭儀的な部分から能を引き離していくということと、次の世代が、いや、そ

元雅
観世元雅（かんぜ・もとまさ）。一三九四頃―一四三二。室町時代の能作者、猿楽師。名手として嘱望されたが、将軍・足利義教の圧迫を父とともに受け、不遇のうちに伊勢で客死した。

「隅田川」
観世元雅による能楽作品。一粒種である梅若丸を人買いにさらわれ、京都から武蔵国の隅田川まで流浪し、愛児の死を知った母親の悲嘆を描く。

れだけじゃないよ、もう一回元に戻ろう、とすることの繰り返しだと、僕は思っている。

最初に僕が能の本を書いたときは、山口さん的な能の解釈が幅をきかせていました。しかし、僕は、世阿弥自身はそこからいかに離脱するかを考えていた、つまりその離脱するエネルギーこそが彼の物語を書かせていた、と思っています。もちろん世阿弥も、翁は大事だといってはいます。しかし本音は、そこにいたんじゃ、いつまでたってもマーケットはできないぞと思っていたんじゃないでしょうか。

中沢　いつまでも『野生の思考』じゃないぞと（笑）。

土屋　そうそう、つまり、マーケットの思考に立たなかったら、能はとてもやっていけない。実は、そこから世阿弥は始まってると思う。

祭儀とマーケットが並ぶ場所で

中沢　面白いですね。能の出発点を考えても、**海柘榴市**《つばいち》のような市場がその場所になるじゃないですか。市場は祭儀的な場所に建っていますが、そこで実際に行われるのは商売です。世阿弥という人も、いわばその境界面に立っていますよね。

土屋　そう、そこが面白いと思う。ヨーロッパでも、一四、五世紀からマーケットが成立していくのは、やはり祭りの場ですね。その祭りの場には、そこだけに通じる法律があるんです。マーケットの法律なんですが、同時にそれは人々が集まってくる祭りの場の法律でもある。つまり、商人たちの自治体なんですね。

同じように能も、明らかにそれは市場やお寺、どこにしても集団が集まるところから生まれてきます。世阿弥はたぶんそこからも離脱したくて、もう少し違うマーケティングを考えていました。

ただ、最後の頼りは田舎だ、といってますね。つまり、田舎の客を大事にしなきゃダメだと。都で人気が落ちても、地方で人気が保てれば、何と

海柘榴市
奈良県の三輪山麓に開かれた古代の市。交通の要地で、歌垣も行われた。

かなるというんですね。田舎には自分たちを支えているまさに古層の観客がいるけれど、表層では貴族や武家の庇護を受けなければやっていけない。そこでいかに、田舎のお父さんたちがやってた世界から離脱しながら、能というジャンルを確立するのか、そして後の世代にも引き継がないといけないものを作っていくのかということが、世阿弥の関心だったでしょう。

そこで僕が面白いと思うのは、中沢新一の禅竹論って、能楽の研究者では絶対に書けないんです。中沢さん自身が『チベットのモーツァルト』などを書く中で培ってきた、芸術が自立しがたいというところをしっかり書いているんです。能なんて芸術として自立していない、その背景にある、呪術的なものや自然信仰、あるいは生命のざわつきがある中で書かれているということを指摘したのは、中沢新一だけです。そういうことは、日本の研究者はいっさい指摘していないんです。

中沢　実は、貨幣もそこから出てきていて、これがマーケットを動かしていく。祭儀がなければ、マーケットも成立しない。この二つは一体なんですね。

土屋　そうそう。

中沢　そこを土屋さんは垂直的に多層性として見ているんですね。

土屋　でも、僕はそういう視点を最初は否定していたんですよ。松岡さんもそうでした。それは山口さんの影響があったから。

中沢　松岡さんは、山口さんに非常に近かったですから。

土屋　僕は松岡心平からはいろいろ勉強しましたが、根本の考え方はちょっと違うんです。でも、逆に松岡も僕の影響を受けて変わってきたところもあるんですけどね。

中沢　松岡さんが**『宴の身体』**を書いたときには、これはちょっと山口さんを脱したなと思いました。

土屋　あの『宴の身体』というタイトルは、僕が考えたんですよ。

中沢　そうでしたか。あれは松岡さんの最高傑作ですね。

土屋　あれはいい本ですよ、松岡さんはその後もいい本をたくさん出してますけど。

『宴の身体』
岩波現代文庫、二〇〇四。

声の肌理《きめ》

中沢　さっき観世さんとパヴァロッティの話を聞いてて、**ロラン・バルト**が、「声の肌理」という文章の中で、オペラや歌曲の歌手の評論をしてるのを思い出しました。戦前の名歌手の**パンゼラ**を非常に高く評価するんです。パンゼラって、声はあんまりよくないんですよね。

土屋　うん。僕もそれを読んで、レコードを買いましたよ。

中沢　喉のところ、空気が出てくるときにざらつきがあって、そのざらつきを聴くのが最高の快感だ、これはうまい歌手では絶対出てこないんだ、というんですね。その喉のところを空気が通過して、ざらざらとやっていくのがセミオティックなんです。

　バルトという人は、ファッションを分析したり、プロレスを分析したり、いろんなことをしていましたが、いつも体をこすって出てくるものとか、声の質とかに震える人で、それを実際セミオティックといっています。その上の方にサンボリックがあって、その二つが行ったり来たり、せめぎ合ってる。能でいうと、祭儀的なものとマーケット的なものがせめぎ合い

ロラン・バルト
一九一五—八〇。フランスの哲学者、批評家。記号論、構造主義の知見を用いてテクストの読むを追求した。『物語の構造分析』で提唱された「作者の死」という概念は、文学批評その他に大きな影響を与えた。著書に『零度のエクリチュール』『テクストの快楽』。

パンゼラ
シャルル・パンゼラ。一八九六—一九七六。スイス出身のバリトン歌手。フランスを拠点にオペラやコンサートで活躍した。

をするのとよく似ています。

土屋　そうですね。僕が一番影響を受けたのは、実はロラン・バルトですよ。僕が書いた『能　現在の芸術のために』の中で一番好きな箇所は、声について書いた「一調二機三声」という章なんです。

「その声は身体の奥からひとつながりのものとなって引っぱり出されてくるのではない。そこが他の地謡《じうたい》とはっきりと違っていた。身体の奥にためられた息を唸りだすのではなく、息は押しとどめられて、声へと噴きあがってくる力は抑制され抑えつけられている。その力との葛藤にこたえて喉の奥で声が断続してかかって聴こえてくる。からだの奥で声が吃ってている。それは「機」を見ているからである。「機」をはかっている。「調」の段階から、声が声の表象へと」――それがサンボリックですね――「噴出する瞬間をはかっている。ぶつぶつと粒子になった途切れる音が喉の奥でしている。けっして低い唸りではない。声への力を抑えつけ一挙に噴出させようとする意志がそこには働いている」。

「だから、声は言葉ではない。意味を伝達する前に、声はその表現を遂行してしまっているからである。「一調二機三声」の声のメカニクスが示していることは、声の表象を失ってしまっても、声は表現であるということである。しかも、その「一調二機三声」が可能となるのは、意味を伝えるために声が分節されて言葉になったからである。単なる唸りと叫びには、能の声のメカニクスはない。分節化された言語の構造がその分節の線分化された亀裂を用意しているからこそ、声はその線分化された言葉の亀裂の中へ沈み込み、声の表象へと立ち上がってくる」……ということを書いているんです。

中沢　『チベットのモーツァルト』じゃないですか。

土屋　言葉になったのはもちろんそれは分節化された言語があるからだけど、むしろ言葉の分節化された中に沈み込んだときに、意味というものは失われてしまい、ただ声としてだけある。まさにその声のリアリティの中に、観世寿夫はいたんです。それが僕にとっての能の魅力でした。それがどういう意味として構成されているか、より前の段階の、寿夫自身の身体の表れが、能そのものだったんです。

その寿夫さんがいなくなっちゃったから、その後はサンボリックの意味のレベルで考えていくしかない。そうすると、能の魅力は現実の舞台の上ではなかなか表れてこないんです。

中沢　観世寿夫さんの後で、それに気がついて実践してる役者はいないいんですか。

土屋　いませんね。寿夫さんの弟の**観世栄夫**や、前の銕之丞である**観世静夫**がいましたが、静夫さんにとっては寿夫さんの存在が大きかったので、それを何とか否定したかったでしょう。だけど、否定できない。栄夫さんの中には、そういう発想は残っていましたが、それを実際に実現するためには、観世流の謡《うたい》ではできないから、喜多流に移るんです。喜多流のちょっと古めかしい謡へ移ることで、寿夫が考えていた理想を実現しようとしたわけです。しかし、そこには葛藤があったと思います。

中沢さんがいわれたセミオティック／サンボリック、あるいはバルトのいうパンゼラの声に表れるような非常に触感的な瞬間が、観世寿夫にはありました。そこがやはり能がもつ魅力だったと思います。しかし、残念ながらそこをできる役者がいなくなってしまいました。だいたい、もう今の若い人たちは観世寿夫なんて知りませんからね。でも、そういうことをいっていかないと、どんどん安易に流れてしまいますからね。

観世寿夫の謡は苦しいんですよ。息を詰めてる。その苦しさから逃れるのなら、ただ口を開けて謡っていればいいんだけど、口を開けて喉を詰めて、むしろ声になる前の瞬間をどうやって確認するのかという作業ですか

観世栄夫
かんぜ・ひでお。一九二七―二〇〇七。能楽師。観世寿夫の弟。一時能楽を離れ、テレビ・映画などで活躍したが、一九七八年に亡くなった寿夫の遺言により、七九年に復帰した。

観世静夫
かんぜ・しずお。一九三一―二〇〇〇。能楽師。観世栄夫の弟。観世流分家八世銕之丞家。銕仙会を主宰。

ら、これは苦しいんです。でもそこに、ただ美声ではない声が生まれる。観世寿夫は非常に美声でしたが、その美声を否定しながら、声になる前の瞬間の力をどう確認するのかという点に重点があって、それが能の魅力だと僕は思っていたんです。

中沢　まさに、僕の考えるモーツァルトと同じですね。

土屋　そうなんです。

山口昌男の見る能

土屋　一方、能との関わり方においては、山口昌男、中沢新一、松岡心平という流れは、能の意味から入ってるように見えたんですね。つまり、能の出発点は何だったたか、というところから。折口にしても、考えるときには意味から入っているように思えました。僕はむしろ感覚レベルから入っているわけです。だから、世阿弥がどういうかたちで能の歴史から離れようとするのかという、その離脱の瞬間の緊張感の方に、むしろ関心がありましたね。

中沢　山口昌男は、いつも物語の構造から入っていく人でした。

土屋　そうそう。

中沢　能もそうだし、天皇制をやっても何をやっても、ひとつの物語の構造を立てて、その中の動きを探っていく。僕は実は、その点山口昌男の弟子ではないかもしれません。そういう山口さんの考え方に対して、ちょっと違うと思っていました。山口さんもそのことは気がついていて、『チベットのモーツァルト』が自分に対する挑戦状だということを、よくわかっていました。

山口さんは戦前の教育を受け、戦前の文化を体得していました。土屋さんや僕は、六〇年代の世界的な文化ムーヴメントを空気のように吸収して成長しました。その文化を考えてみると、文化の表面に欲動的なものや身体的なものが噴出してきて、文化の構造を変えていくというのが、ひとつの特徴だったと思います。その六〇年代的文化では、また社会主義のイデオロギーが機能していました。

土屋　うん、そうね。

中沢　イデオロギーが抑えつけて、それを身体的なものが解体していくという時代でした。しかも、ビートルズなどにしてもそうですが、ただのアンチじゃなくて、ひとつのポジティヴな表現形態を作り始めていた。それを見て、学問もそうじゃなければいけないと思ったのが僕などの出発点でしたし、おそらく土屋さんもそうだと思うんです。

土屋　そう、そう思いますね。

中沢　土屋さんは**ベンサム**をやってても、ベンサムの中にそれを読んでますよね。ところが今は、そのようにして一時期全世界規模で現れたセミオティック的文化が、だんだんふたをされてくる時代です。

ベンサム
ジェレミー・ベンサム。一七四八―一八三二。イギリスの法学者・哲学者。功利主義の創始者として有名。個人の目的が幸福の追求にあるのと同様に、社会の目的は「最大多数の最大幸福」の実現にあると説いた。著書に『道徳および立法の諸原理序説』。

一九二〇年代のヨーロッパがそれと少し似た構造をとりましたが、第二次世界大戦で封印されて、ようやく六〇年代に復活してきます。僕たちはそれを見てて、文化や学問がどういう構造をもたなければいけないかを認識したように思います。山口さんは、一九二〇年代の文化にそれを見ていて、僕や土屋さんは、六〇〜七〇年代の文化の中に、リアルなものとしてそれを発見していた。

土屋　なるほど。たぶん山口さんと僕は合わなかったろうと思いますが、それでも山口さんの魅力は大きかったですね。

中沢　いや、たいへん魅力的な方でした。

土屋　僕は、**『道化の民俗学』**よりは、**『知の遠近法』**や**『本の神話学』**といった本の方が好きでしたが、本当にすごいと思って読んでいました。でも、どこか違うなとも思っていて、やはり能も、結局すべて民俗学に還元されてしまうんですね。でも、それに対する抵抗を、能は表現としてやっています。そこにこそ能の力とか魅力があると思っていましたから、かなり意図的に、『能　現在の芸術のために』でも、祭儀的な解釈には反対する、と書きました。これは、実はそうは書かなかったけれど、山口さんに対する言い方でした。文化の構造に還元しようとするのではないところで

『道化の民俗学』
新潮社、一九七五／岩波現代文庫、二〇〇七。
『知の遠近法』
岩波書店、一九七七／岩波現代文庫、二〇〇四。
『本の神話学』
中央公論社、一九七一／岩波現代文庫、二〇一四。

能を見ていかないと、能の本当の力はわからない、といいたかったのです。そのとき僕は、松岡さんも中沢さんもそちらの側に立っていたと思ってたんです。中沢さんは、そのころまだ能について発言はしてなかったけれど。

構造主義とモルフォロジー

中沢　そのへんはちょっと誤解があるかな。たとえば、**レヴィ＝ストロース**の**構造主義**は、一般の理解だと、文化現象を構造に還元するものだと捉えがちなんですけど、それは実は構造ではないんじゃないか。世間でいわれてる構造というのは実はモルフォロジー、つまり形態なんじゃないのかな。

山口さんは、しきりと天皇制を神話のモルフォロジーに還元する作業を行っていましたが、構造そのものはモルフォロジーのもっと下で動いているものです。モルフォロジーは、結局同じ構造に何度も何度も回帰していくものですが、構造というのはそういうものではないんじゃないかと。

土屋　そこをもう少し説明してください。

中沢　構造というのは、さっきの言い方ですと、セミオティックとサンボリックのちょうど境界面みたいなところで動いているものです。この境界面をセミオティック側へ移ると、決定不能で反復不能な運動が現れる。ところがそこをサンボリック側へ移ると反復ということが可能になって、同

レヴィ＝ストロース
クロード・レヴィ＝ストロース。一九〇八—二〇〇九。フランスの哲学者、社会人類学者。言語学の方法を援用して構造人類学を確立、人文・社会科学全体に大きな影響を与えた。著書に『悲しき熱帯』『構造人類学』『野生の思考』。

構造主義
社会と文化の根底にある構造を抽出・研究しようとする思想。歴史や個人の意識よりもシステムの方が先行するものとみなす。

一性という考えが現れるようになります。モルフォロジーは、反復します。ですから、サンボリック側の現象です。これは大きな違いで。構造はこの境界面にあって反復と反復不能の間を行ったり来たりしている。

こういう構造の動きはどこまで開いていくかなと考えると、南方熊楠の、あの「**南方曼荼羅**」とか、ああいう考え方に近づいていきます。何か閉じられたものの、つまり想像可能で、反復可能で、表象可能なものに入っていかないものが、構造なんだと、僕などは理解しています。この意味では、山口さんの分析はモルフォロジーではないかなと思っていました。

ユングの元型分析もそうですが、**元型**を発見して喜んでしまう人はいっぱいいます。児童文学を分析する人も、民話を分析する人も、妖怪を分析する人もそうだけど、みんな同じ構造をとりだす、これは前に見た構造だといって、その反復を喜ぶわけでしょう。

土屋　それだと、かつての**フォルマリズム**みたいなことになってしまう。フォルマリズムと構造主義とは違うものでしょうが。

中沢　土屋さんのことをモダニストと呼ぶ人も多いですが、いわゆるモダニストと土屋さんの中にある伝統主義みたいなものの違いは、構造ならざる構造に関心をもって、そっちに可能性を与えていこうとする、特別な形

南方曼荼羅
南方熊楠が描いた図。真言密教の曼荼羅を手がかりに、現実の世界から死後の世界までを含めた世界像を表したもの。

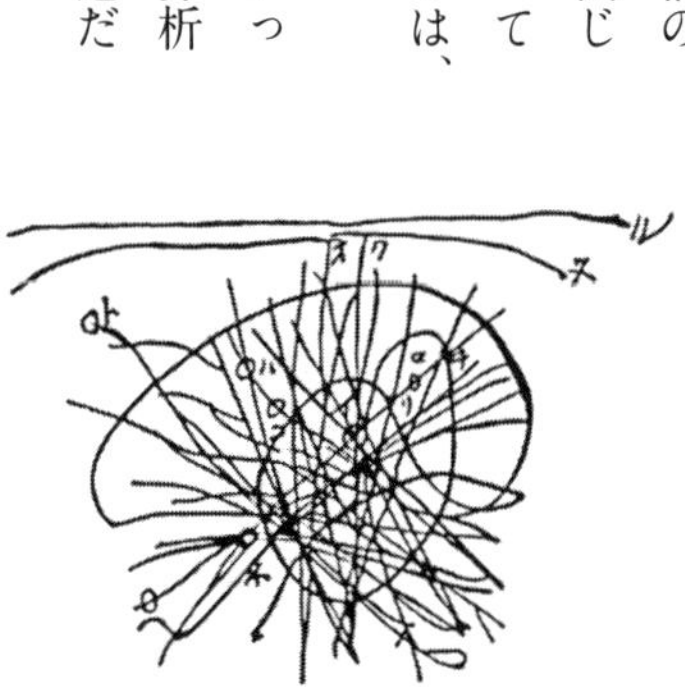

ユング
カール・グスタフ・ユング。一八七五―一九六一。スイスの精神科医・心理学者。深層心理について研究し、分析心理学を創始した。フロイトがリビドーをすべて性に還元したことを批判、集合的無意識の存在を提唱

のモダニズムです。

土屋　僕はモダニストもわからないけれど、つまりモルフォロジー化されないような、直接のリアリティが観世寿夫にはあったわけです。意味を形成する前でとどまるような、あるいは意味を形成するまでに至らない、もっと現象的な場面での能を考えるような、そういう契機があったんです。

世阿弥は、その意味では非常にスタティックで、翁的な世界から離れようとしたのかもしれません。でも僕は、世阿弥の中でもそういう衝動があったから、逆に夢幻能という、夢のリアリティに至るのだと思います。夢といっても単なる夢ではなくて、それをひとつのリアリティとして考えられる立場を世阿弥がとったのは、すべてが物語の構造に還元されるのではないものとして、夢のリアリティを考えたと思うんです。単に物語として語られていくのではなく、もう一回レベルを変えながら、いわば人間より下にあるレベルに返しながら、夢の中で現実を再構成していく。あの、夢としてもう一回構成し直すという発想は、本当にすごいことだと思います。いったいどこから生まれたのか。そういうと、また今度は**明恵**上人がいましたとか、そういう話になるわけですが（笑）。

中沢　それは困ります。

元型
ユングの提唱した概念で、夢のイメージや象徴を生み出す源となる人類に普遍的な存在とされる。

（前頁より）した。著書に『タイプ論』『人間と象徴』。

フォルマリズム
文学作品の自律性を強調し、テクストを表現の方法と構造から分析する文芸批評理論。構造主義や記号論の先駆と目されている。

明恵
みょうえ。一一七三―一二三二。鎌倉時代の僧。高雄山の文覚（もんがく）につき、華厳・密教を学ぶ。自ら見た夢を詳細に記録した『明恵上人夢記』でも知られる。

土屋　困るんですね、ものすごく。それはやはり違うと思います。

中沢　明恵上人だって、そんなこと考えてやっていたわけではありませんからね。

土屋　そう。だから僕は、世阿弥自身はモダニストだと思いますよ、明らかに。

中沢　うん、モダニストです。

土屋　ただ、そのモダニズムが夢を発見するというのが面白い。夢を発見するモダニズムって、いったい何なのかなと思いますね。

蓮實重彦の物語批判

中沢　土屋さんは、**蓮實重彦**って方、どう思います？

土屋　僕は好きでしたね、最近は読んでいませんが。

中沢　僕も最近はあまり読んでいませんが、昔書かれていた**物語批判**などはとても面白く読んでいました。基本的には、このあたりの問題にシャープに迫っていました。

土屋　うん。蓮實さんも面白いなと思うのは、僕が三〇代にとても影響を受けたのが、映画のある断片を極大化するじゃない。たとえば**ジョン・ウェイン**がどうしたといって、ある場面だけを極大化してしまう。

中沢　数字とかね。

土屋　それで作品を全部論じてしまう。これはすごいなと思いました。それがはたしてその映画そのものを本当に表しているかはわかりませんが、ただ数秒間の断片で、その作品全体を描いてみせる。それはある種の世阿弥的手法なんです。ほんの物語の一部分から、夢というバイアスを通して全体を示してみせるというのは。それは一種の世阿弥の物語批判でもある

蓮實重彦
はすみ・しげひこ。一九三六―。フランス文学者、批評家。第二六代東京大学総長。作品の細部どうしのネットワークに着目する犀利な文芸批評や映画批評で有名。二〇一六年、小説『伯爵夫人』で三島賞受賞。著書に『映画の神話学』『「ボヴァリー夫人」論』。

物語批判
人間の思考を規定し、また駆動させる〈物語〉という装置を可視化させ、その限界を捉える試み。蓮實重彦には『物語批判序説』（一九八五）という著作もある。

ジョン・ウェイン
一九〇七―七九。アメリカの映画俳優。西部劇で名声を博し、アメリカの力と理想のシンボルとなった。出演作に『駅馬車』『静かなる男』。

わけで、そこが面白かった。
中沢　うん。わかります。
土屋　これまでいったことはありませんでしたけど、蓮實重彦は僕もものすごく影響を受けましたね、出てきた当時は。
中沢　『**表層批評宣言**』のころかな。
土屋　偉くなっちゃうと、ちょっと面白くないかなと思ったけれど。
中沢　でも、土屋さんも今では同じ立場じゃないですか（笑）。
土屋　最初、ショックだったもんね、『**映像の詩学**』とかは。あれは僕は影響受けましたね、すごくうまい。だから、能のことを書くときも、明らかに僕は蓮實重彦の影響を受けてましたね。あの部分を極大化しながら、どうやって全体を作るのか。物語を解体して、ある瞬間のリアリティだけにすべてを見ていくという方法は、まさに世阿弥なんですね。『**平家物語**』全体なんか、関心ない。「**頼政**」って能だったら、扇をこう置いて、そこでもう死を覚悟する、その瞬間だけが問題なわけで。あるいは、ある闘いの瞬間とか。そこにしか人生がない。それこそ蓮實的瞬間ですよ。
中沢　最近は**自閉症**の子の内的体験についての記録がたくさん出ています。たとえば、東田直樹さんの『**自閉症の僕が跳びはねる理由**』という本です

『表層批評宣言』
筑摩書房、一九七九／ちくま文庫、一九八五。

『映像の詩学』
筑摩書房、一九七九／ちくま学芸文庫、二〇〇二。

『平家物語』
鎌倉時代の軍記物語。作者は未詳。平清盛をはじめとする平氏一門の興亡を描く。琵琶法師たちの語りによって多くの人に親しまれた。

「頼政」
世阿弥作の能楽作品。宇治の里を訪れた僧を名所に案内した老人は、実は自分こそその源頼政だと名乗って消える。夜、頼政の姿に戻って現れた霊は、読経を頼み、奮戦のようすを物語る。

自閉症
乳幼児期に発症する発達障害のひとつ。言語発達の障害、対人関係・社会性の障害、常同行動が特徴。

が、これを読んで面白いなと思うのは、経験自体が点なんですね。たくさんの点があって、意識は点から点へと飛んでいく。だから、物語を構成しないし、会話すら構成しない。この自閉症的な認識法、世界観と、蓮實さんの物語批判の瞬間的なもの、あるいはパンゼラの喉から出る声の粒、『チベットのモーツァルト』、ある共通の何かに向かっている気がするんです。

土屋　でもよく考えると、人間ってみんなそうで、記憶なんてものはほとんど点でしかないんです。それを無理やりつなげているんですね。その無理やりつなげる物語は、レディメイドのものであって、その物語をもってくるのは、ノスタルジーに浸るようなことだと思いますね。世阿弥はまさに、その瞬間にしか関心がない。それは本当に面白いですね。物語ろうという意欲がないんです。

中沢　確かに、動作ひとつをとってみても、スローモーションで引き延ばしていきますからね。そして、とってつけたような物語が展開していくという印象が強い。

土屋　能は、ある瞬間のことをまさに引き延ばして、結果的には物語全体を語るわけでもない。語るのは間狂言《あいきょうげん》に任せてしまうわけですね。この

『**自閉症の僕が跳びはねる理由**』エスコアール、二〇〇七／角川文庫、二〇一六。

ナレーターがいなかったら、能を観る人は物語のことはたぶんわからない。でも、世阿弥はたぶんそういうものとしてしか能を考えてない。これが世阿弥のすごさかな。

祭儀と引き延ばし

中沢　それを聞くと、世阿弥の古層的なものに対する否定が、二重否定になっているのがよくわかりますね。細部をグーッと引き延ばすのは儀礼なんですね。祭儀というのは、そういう仕組みになっています。

土屋　もう少し説明してください。

中沢　レヴィ＝ストロースが、**『神話論理』**第四巻の「フィナーレ」で、神話と儀礼の違いについて論じています。そこで例に挙げてるのは、こんな話です。一九六〇年代に、ネイティヴ・アメリカンに映画カメラを渡して、映画を撮る実験が盛んだった時期があります。カメラを渡されたネイティヴ・アメリカンが、たとえば「糸繰り作業」という映画を撮るとどうなるか。ふつうだったら糸を紡いで繰っていく過程を撮ります。ところが、じっさいに撮られた映像では、糸を束ねた場所から作業場まで糸を運ぶところしか撮っていない。糸紡ぎ自体には関心がない。ネイティヴ・アメリカンたちは、映画というメディアを渡されたときに、細部を意味づけなしに記録できる機械だと理解して、中間状態をスローモーションのように引

『神話論理』
全四巻、全五冊（第四巻が二分冊のため）。早水洋太郎、吉田禎吾ほか訳、みすず書房、二〇〇六―一〇。

き延ばして記録できるメディアだと理解したんですね。

　レヴィ＝ストロースにいわせると、それが儀礼、リチュアルの本質です。神話の場合は、二つの項を意味として立てて、この二つの間に相関関係を作ります。これに対して儀礼は、相関関係をつけると抜けてしまう中間を、微分法みたいな微細な行動で埋めていくものだというのです。

土屋　なるほどね。

中沢　そうすると、その祭儀の本質が、弁証法的に甦っているのが、世阿弥だということになるかもしれない。

土屋　そうですね、**大嘗会**《だいじょうえ》なんかもそうだ、延々と歩いて移動するところとか。

中沢　そうそう。それはいつも中間で、意味から意味へ至る過渡期なんですね。意味には帰着しない。そこを記録するメディアが映画だ。蓮實さんはそのことを取り出しました。土屋さんが追究してきた世阿弥の問題も、大きいくくりの中で捉え返すことができるように思います。

土屋　序之舞を考えると、そもそも物語の中に舞を介入させること自体が、いわば引き延ばしですよね。物語の間でさえなくて、**シテ**が謡うひとつの言葉、ワンフレーズの真ん中に序之舞が入ってくるんですから。舞が終

大嘗会
大嘗祭の節会（せちえ）の宴。また大嘗祭のこと。大嘗祭は、古代から続く天皇即位の儀式。

シテ
能・狂言における主人公役。また、それを演じる人。

わった直後に、**ワカ**と呼ばれる謡が入りますが、これは実は舞が始まるときの文脈の半分途切れたものを、半分終わった後に続けているわけです。その間に二〇分くらい舞が挟まれて、ずっと引き延ばしていくんです。今いわれて気がついたけれど、その引き延ばされる時空間は、まさに祭儀的なものですね。

中沢 それで際限もなく、同じような動作を繰り返してますからね、ちょっとずつ変わりながら。

土屋 でも、それはモルフォロジー的な反復じゃなくて、スピードも回る距離も変わりながら、一見反復のようでも、実は違うものへと転化しながら、最終的には最初の文章のところへ戻るわけですね。引き延ばすだけ引き延ばしたことの中に、意味を求めているのかもしれない。そういう意味では、それはレヴィ=ストロースのいうリチュアルな空間なのかもしれませんね。

中沢 そのことをクリステヴァの『詩的言語の革命』では、「**コーラ**」と呼んでいます。**プラトン**の『**ティマイオス**』に出てくる、宇宙創造の前にある振動してる状態のことです。これはデリダにも大きい影響を与えていく概念ですね。

ワカ
能において、一曲を構成する段落の名前のひとつ。五七五七七の和歌（短歌）の形をとるのが正格だが、そうでないものも多い。

「コーラ」
もともと「場」を意味することばだが、『ティマイオス』では、存在の母胎のような場と語られ、他の存在の類と対をなさず、分類や同定から逃れさる、とされる。

プラトン
紀元前四二七頃―三四七頃。古代ギリシャの哲学者。ソクラテスを主要な登場人物とした対話篇が有名で、魂の不滅やイデア論、国家論など多くの主題を論じた。著書に『ソクラテスの弁明』『国家』。

『ティマイオス』
プラトンの後期対話篇のひとつ。世界の構成や宇宙の生成を論じたもので、この世界・宇宙は、創造者デミウルゴスが永遠なる

クリステヴァは「コーラ・セミオティック」という言い方をします。表現の下部には、コーラ・セミオティックが波打っているというんですね。能の引き延ばしにしても、祭儀の引き延ばしにしても、蓮實重彦にしても、みんなこのコーラに関わってるんじゃないでしょうか。

土屋　前に書いたことがあるけれど、序之舞って、それが物語に帰属するかどうかは、どうでもよくなる瞬間があるんです。祭儀がそうだと思いますが、別に意味としてあるんじゃなくて、その場のリアリティだけが残る。引き延ばしをやっているときの、瞬間がずっと引き延ばされていくそのリアリティの中で、祭儀的な空間へと入り込んでいくんでしょう。序之舞も、舞ってるときはこれが『**源氏物語**』の物語なのか、あるいは『**伊勢物語**』なのか、どうでもよくなっているんです。ただそこが永遠に続いてくれればいいと思うわけです。それはまさに、さっきのコーラではないですが、ただ振動していて、それがもうこのままずっと続いていってくれればいいという瞬間があるんですね。

中沢　うん。どっかに帰着してもらっちゃ困るんですよ。

土屋　そう、困るんです。とはいえ物語ですから、残念ながらどこかへ帰着して、結末を迎えざるをえない。でも、本来の能の魅力は、その結末を

イデアを範型として模倣・制作したものとされる。

『源氏物語』
平安時代の長編物語。作者は紫式部。主人公光源氏とその一族の人生を中心に、王朝文化の最盛期の宮廷貴族の生活の内実を優雅かつ克明に描き出した。

『伊勢物語』
平安時代の歌物語。作者未詳。在原業平らしき人物の恋愛を中心とした一代記。

迎える前のコーラの状態の中で、その振動の中で自分が揺れ動いていることの方にある。

だから、僕はよく、物語なんかわからなくていいっていうんですよ。みんな、能はわからないというから、わからなくていいじゃないというんです、肝心なところだけ起きていれば、あとは寝てていいわけだから。それは今いわれて気がつきましたけど、そういうものなんですね。

中沢 祭儀的なものの否定は、世阿弥の中ではやはり二重構造、弁証法的になっているんですね。

土屋 世阿弥にしても、物語の奴隷ではなくて、自分は空間の司祭なんですね。

知性溢る土方巽

中沢　僕も、六〇～七〇年代でそういうことを見ましたねえ。学生でしたけど。**土方巽**さんの舞踏を観たときもびっくりしたんですけど、この人が何をやろうとしてるのかがわかりました。

土屋　僕ね、実は土方巽は一回も観てないんです。観るチャンスはあったんです。でも、距離を置きたかったのね。

中沢　苦手なの。

土屋　嫌だった。それは完全に誤解だったんだけれど、なにか異形なものを前面に出して、そこで勝負する、しかもそれが思想という表象を被ると思って、嫌だった。インテリ趣味だと思っていたね。妙に、芸能と土着趣味をくっつけて、「東北歌舞伎」といったりしているのも嫌だった。ゴールデン街的なわざと悪ぶるインテリが嫌いだったから、それと一緒にしていた。

つまり土方巽をインテリ趣味だと思っていた。僕の家は四谷と新宿でフグ料理屋をやっていたから、ゴールデン街の素人居酒屋のインテリ風情が

土方巽
ひじかた・たつみ。一九二八―八六。舞踏家。自らの舞踏を暗黒舞踏と称し、土着性と性や暴力を強調する作品を発表、現代舞踏の新しい分野を切り開いた。作品に「禁色」「バラ色ダンス」、著書に『病める舞姫』『美貌の青空』。

嫌いだった。まともに仕事ができないやつらが、インテリ趣味で酒を売るなと思っていましたね。

ただ、亡くなってから、テレビで過去の土方の映像を観たんですよ。ショックでしたね。何で観なかったんだろう。「暗黒舞踏」とはいってましたが、そこに現れる身体のかたちのほとんどが、能や歌舞伎の原初的なかたちを示していると思った。

中沢　「暗黒舞踏」という言葉が流通してしまうと、やっぱりモルフォロジーの反復になってしまうからね。

土屋　そうそう、反復になるんです。土方さんは。むしろ能楽師がもっていない身体をもっていた。すごいな、ああ、観ときゃよかった、と思いました。土方巽を観なかったのは、やっぱり悔やまれますね。

中沢　「反近代」みたいなものと思ってたんですね。

土屋　そうそう、そこへもってかれるのは嫌だなと思っていたんです。しかも、それは当時の流行りでしたからね、どちらかというと。

でも観た瞬間に、ああ、すごいなと思った。特に、土方の言葉がまた面白かった。田んぼでお母さんが自分の仕事をしているときに、赤ん坊を籠の中に入れて置いておくと、赤子は自分のからだと遊ぶんです、自分のからだと遊ぶことから、いわば子供は始まるんですなどといってるんだよ。それはまさしく土方自身の舞踏で、自分の体と遊ぶ世界ですよね。よく考えると、能にしても、手足だけで何かするわけでもなく、ただ自分の身体と空間の間の距離を、あるいは抵抗関係を、ただ動かしているだけで、それがたまたま舞になったというものなんですね。そういう身体的な感覚を、土方巽という人は本当によくわかった上でやっていたんだなと思いました。それを、周りがまた文学的に表現したりするのがものすごく嫌だった。

中沢　それは僕もわかるな。学生のころ、**身体論**が流行ったじゃないですか。あれが苦手でね。問題意識として重要なことはわかるんですよ。いろんなことで問題になってることも、身体と関係しているものだということはわかる。しかし、身体に執着したり、身体を実体化して身体論を語るのが、まるでダメでした。

土屋　いや、僕も身体論には疑問がありました。実は土方もそうだけど、身体よりも意識の方が強いんですよ。

中沢　土屋さんもそうか。

土屋　身体がこっちへ行ったときに、意識は向こうを向いてるんですよ。土方の舞踏は、まさに分裂してるんです。身体の向きと動きとが分裂しな

身体論
身体が人間とどのように関係し、人間にとってどのような意味や価値をもつかという問題圏。心身二元論批判を根底にもち、日本では市川浩や鷲田清一などの論客を生んだ。

がら、それを構成し直している。それは土方の中の意識が、全体を構成してるわけです。それをいわずに、身体の原始性とか、何でもかんでも身体、身体に帰着させるのは違うだろうと。

中沢　身体、身体って、うるせえとさえ思ってました。

土屋　そう、もっと土方は理知的な人ですよ。

即興ほど自由を失っているものはない

土屋　僕は慶応大学にある土方巽アーカイヴに連れていってもらって、土方が作ったシナリオを見せてもらったことがあります。暗黒舞踏をみんな即興的だと思いがちですが、実は非常に緻密にシナリオに書きこまれているんです。それを土方と**芦川羊子**さんの二人で部屋に閉じこもって、言葉やら絵やら写真やらの断片を重ね合わせながら、実はシナリオを作っていたんです。そのシナリオをもとにして踊りを作っていたわけで、実は自由に踊っているわけでも何でもない。土方の舞踏は、むしろ理知的な場で踊られていたわけで、だから面白かったんです。単に即興でやってたんじゃない。

もう二〇年ぐらい前に、**松岡正剛**と僕の二人でやったシンポジウムがありました。そこで僕は大勢のお客さんの前で、「即興ほど自由を失っているものはない」といいました。結局、自分の身体の感性で舞っているというのは結局惰性で踊っているだけで、要は自分がやれる範囲でしかやっていない。ところが土方は、明らかにシナリオがきちんとあって、理知的な

芦川羊子
あしかわ・ようこ。一九四七―。舞踏家。一九六七年にアスベスト館に入り、ほどなく土方の舞踏に欠かせないダンサーに成長した。

松岡正剛
まつおか・せいごう。一九四四―。編集者、著述家、日本文化研究者。工作舎、編集工学研究所を設立。編集工学を提唱し、多方面で活躍する。著書に『フラジャイル』『松岡正剛 千夜千冊』。

場を構成するから、自分の身体の惰性ではやっていない。あくまで自分で構成している。それを忘れてしまった暗黒舞踏に将来はない、といったんです。そのとき**白虎社**の大須賀さんがいて、後で僕のところにやってきて、「今日の土屋さんのお話、本当にその通りです。共感しました」といってくれました。ああ、そうかと思いましたね。ふつうの舞踊評論家は、即興の素晴らしさとかいうけど、実は即興ほど自由を失ってるものはないんですよ。

中沢 ジャズの世界がそうでしたね。あのころのジャズは、インプロヴィゼーション礼賛一色で、インプロヴィゼーション自体が型になっていました。

土屋 そう。僕は**コルトレーン**も、**アート・ペッパー**も好きでしたが、アート・ペッパーがすごいなと思ったのは、即興なんだけどその中にやはり理知が働いているところで、その理知の輝きが気持ちいいんですね。ただウワーッと吹いてるんじゃない。その意味で、アート・ペッパーと**バッハ**の無伴奏ヴァイオリンソナタは同じ精神だと思っています。思いきり移動しながら、どこへ至ろうとするのかという限界を極めつつ、ずっと吹いているという。そういうふうにアート・ペッパーを語る人はいなかった。

白虎社
暗黒舞踏派の舞踏集団。山海塾とともに、海外でButohの名を高めた。団長は大須賀勇。一九九四年解散。

コルトレーン
ジョン・コルトレーン。一九二六—六七。アメリカのジャズ・サックス奏者。マイルス・デイヴィス・クインテットで脚光を浴び、モード奏法からフリー・ジャズに至るまで、新しい表現形態を開拓し続けた。作品に『マイ・フェイヴァリット・シングス』『至上の愛』。

アート・ペッパー
一九二五—八二。アメリカのジャズ・サックス奏者。ウエストコースト・ジャズの中心的存在として活躍した。スタン・ケントン楽団のソリストとして名をあげたが、麻薬中毒に悩まされた。作品に『モダン・アート』『ザ・トリップ』。

バッハ
ヨハン・ゼバスティアン・バッハ。

みんな、麻薬、ヘロイン、コカインかなんかやって、ウワーッとやってますよみたいに語るわけ。違うだろう、もっとアート・ペッパーは理知的ですよと。むしろバッハの無伴奏ヴァイオリンソナタとアート・ペッパーを、どう並べて語るかということの方が問題なんだ。だけど、それを語る能力はないからね、ジャズ評論家には。その点では、非常に不満でしたね。

山口さんにしても、中沢新一にしても、松岡にしても、能の起源とかいうけれど、僕は、そこに還元してしまったら、世阿弥がもっている緊張感はどこへ行くのか、と不満に思っていたんです。ただ、今日お話を聞いていて、初めて気がついた。世阿弥の中には、物語から離脱しようとする動きと戻ろうとする動きの二つがあって、それが一つの作品の中でせめぎあっている。その作品の中に、引き延ばす、あるいは拡張していく中で、物語から離脱して、古層に触れようとする力がある。しかし、最終的には、物語の決着点にたどり着かざるを得ない。その緊張関係が、世阿弥の作品全体のあるプロポーションを作り出している。これは本当にそうだね、今日気がついたよ。

中沢　これは表現するのがなかなか難しいんですよ。自分が古層を称揚している人間だと思われていることには気がついていて、よせやいという気

一六八五—一七五〇。ドイツの作曲家・音楽家。バロック時代最大の音楽家のひとり。バロック音楽のすべての様式を総合し、多声音楽の可能性を追求した。作品に、「マタイ受難曲」「平均律クラヴィーア曲集」。

持ちがあります。ただ、その要素を全部消してしまうと、今度はモダニズムの方に入れられてしまう。ここの微妙なメカニズムが、なかなか容易には表現できないから。

土屋 そうだね。

中沢 土屋さんがマーケティングの原理に引き寄せて世阿弥を語っていて、僕が金春禅竹の古層的なことを言っている。実はこの二人、同じことをいっているんじゃないかなと感じていたんですけど、今日はそこをうまく表現できましたね。

土屋 僕が今日初めて気がついたのはそこ。それができる芸術家がやっぱり優れた芸術家ですよね。両方があって、パンゼラにしてもパヴァロッティにしてもそうですね。やっぱりそれができる芸術家が、本当の意味の天才なのかもしれない。

能の未来と3D

中沢　土屋さんは能の未来については、どう思ってますか？

土屋　これは難しい問題ですね。この前シンガポールで、**能と3D映像を使ったパフォーマンス**をやったんです。僕は最初は、どうかなあと思っていたんです。

中沢　演出は**宮本亜門**さんでしたっけ。

土屋　そう。それで僕がプロデュースしたんです。3D映像で世界を作った上で、能はふつうに舞うんですよ。演目は「**石橋**」と「**羽衣**」で、もちろん花が飛び散ったり、鳥が飛んだり、滝の水が落ちてきたりするんです。3Dだから、本当に滝の水がそこに落ちてきたり、鳥がバッと飛んでくるように感じるんです。でも、そのときに僕、これはもしかしたら能の未来として面白いかもしれないなと思いましたね。紙製のメガネをかけて観るだけなんですが、そうすると、自分と世界が完全に一体になるんです。周りが瞬時に切れちゃうから。それを立体化させるのは、実は自分自身なんですね。自分自身がその世界の中に入って、完全に一体になる。それは能

能と3D映像を使ったパフォーマンス
二〇一六年一〇月二八、二九日に、シンガポール・リバーナイトフェスティバルにて行われた宮本亜門演出「能×3D映像公演『幽玄 HIDDEN BEAUTY OF JAPAN』」。

宮本亜門
みやもと・あもん。一九五八―　。演出家。ミュージカル、ストレートプレイ、オペラ、歌舞伎等、ジャンルを越える演出家として国内外で幅広い作品を手がけている。

「石橋」
しゃっきょう。作者不詳の能楽作品。能の中でも最も激しい獅子舞を中心とした曲。文珠菩薩の浄土にかかる石の橋を渡ろうとする寂照法師に、仙童が橋のいわれを語る前段は、深山幽谷

に非常に集中できるんです。ほかのことを何にも考えないから。その世界で、物語の要素としていろんなものごとが現れては消えていく。

　すると、おかしな言いぐさですが、能が作られた室町時代のどこかの田舎にいるような感じになるんです。3Dメガネをかけていると、場所ごと移動しているような気分になるので、自分がどこにいるかという場所の感覚はなくなるんですね。そうすると本当に、能が作られたその時代に自分が座っているような気分になるんです。もちろんそれはきわめて現代的な立体映像の世界をメガネで観てるからそうなるんですが、もっとも直接的なリアリティが、自分自身の場所の感覚が消えている人工的な視覚の世界の中で感じられる。これは面白いと思いましたね。

中沢　座禅をやるときに、自分の鼻の頭をぐっと見ますよね。実はあれ、裸眼立体視とよく似ているんです。ヨガで、視線を鼻の頭へぐっと集めるのと、視線を平行にするというのは、眼球の固定のしかたは同じなんですね。なぜ鼻の頭に意識や視線を集中するかというと、雑音や雑念を消すためです。だから、たぶんそれは一種の禅なんじゃないでしょうか。

土屋　本当にそう思いましたね。そうすると、もう直接に「羽衣」とか「石橋」の世界が、自分と向き合うかたちになるんです。それが演じられ

の景を描いて効果的である。

「羽衣」
作者不詳の能楽作品。三保の松原の松に不思議な衣をみつけて持ち帰った漁師のもとへ天人が現れ、自分の羽衣なので返してほしいと懇願される。衣を返した礼に、天人は舞を舞って昇天する。

ているという意識もなくなります。未来の能とは、それこそ禅じゃないけど、すべてが消えたある世界をもう一度見る体験の場になるかもしれませんね。非常に奇妙な体験でしたね。そこに、能のもつある種の未来があるのかもしれません。

中沢 ヨガです。単に眼球を寄せたり、上にひっくり返したりするだけで、意識状態って即座に変わりますから。今いるここの時空が消えるように感ずる。たぶん、中世の芸能者なんかも、同じような修行をしていたんだと思います。

土屋 もちろんやっているでしょうね。

中沢 ああいうものは、芸能と深い関係があると思います。

土屋 それは気がつかなかった。そういうことがあるんですね。まさに立体、3D映像の世界はそれですよ。

中沢 面白いですね。僕も、話だけ聞いたときには、「えー」と思っていたんですが。

土屋 そうそう、僕も実は思ってたの。たぶん、宮本さんは、別にそんなこと考えてやったわけではないでしょうが、能をずっと観てる者としては、こんな見方、初めてだなと思って、とても面白かったですね。

それが今の中沢さんの話だと、ヨガや禅と近接してしまう。面白いな。今日はなんだか久しぶりに、興奮しましたね。初めて気がつくなんてことも今日はあった。やっぱり中沢新一はすごいよ。

第2章

『精霊の王』を再訪する

中沢新一

聞き手＝編集部

最初に計画を立てない

――中沢先生が能について論じられたものというと、『精霊の王』が思い浮かびます。同時にあの本では、諏訪を中心に形成された中世の文化と縄文時代の文化の間に関連があることが論じられていて、構想と射程の大きさに驚かされました。あの本はどういうところから始まったんですか。

『精霊の王』は、最初は「哲学の後戸《うしろど》」というタイトルで連載を始めたものです。なぜ「哲学の後戸」が『精霊の王』になったのかは、自分でもよく覚えていません。が、とにかく現代哲学と中世の日本の哲学の共通点を探ろうとして始めたことは確かです。きっと「後戸」という中世の概念を仲立ちにすると、その橋を見つけられるかもしれない。そんな気持ちで始めた連載なのですが、なかなかそこへたどり着かない。ようやくそこに到達したときには、縄文の話になっていて、それまで書いてきたものはまるで関係がなくなってしまいました（笑）。編集者にとっては迷惑な話だったと思います。

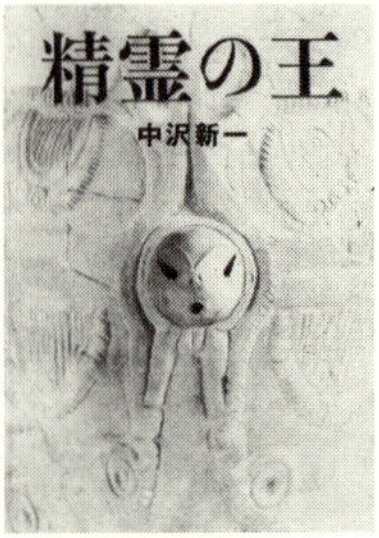

『精霊の王』

最初の計画と違ったという点では、実は『**アースダイバー**』もそうだったんです。講談社の編集者が東京の歳時記みたいなものを書いてくれといってきたので、じゃあそんな感じでやってみるかと思って、とりあえずタイトルだけ『アースダイバー』に決めて始めたのがあの連載で、すぐにまったく別の内容になってしまいました。

縄文時代の東京というテーマは別の仕事として考えていたのですが、どうもそれが東京の本質だとわかってきたので、『アースダイバー』を急きょ地層へのダイビングを通して東京の新しい顔を露出させる方向に転換しました。

当時、地図に関心をもっていた学生がいたので、彼に、東京の洪積期と沖積期を重ねて、そこに古い神社を重ねてみたらどうだろうと、たいした見通しもなしに提案してみました。その学生も面白そうですねといって、古地図を買ってやってみたところ、それがもうドンピシャで。そのときはさすがに自分でもびっくりしました。それで初めて、『アースダイバー』の主題はこれなんだとわかったんです。だから、最初の七回ぐらいは本の『アースダイバー』には入れずに、別に使うことになりました。

『アースダイバー』
講談社、二〇〇五。シリーズに、『大阪アースダイバー』講談社、二〇一二。

――すごい話ですね。むしろそのコンセプトの方が『アースダイバー』というタイトルに導かれたように聞こえます。

僕にはアイディアを何年もためておく癖があって、「アースダイバー」という言葉を最初に知ったのも、大学に入ったくらいのころです。

ネイティヴ・アメリカンの神話の研究をしている**アラン・ダンデス**というアメリカの民俗学者が書いた『Earth-Diver』という本を見つけました。この人はペンシルバニアの民俗などを研究している人で、本の内容はネイティヴ・アメリカンのトリックスター分析でした。アラン・ダンデスは精神分析的民俗学の人でしたから、フロイトで解釈するんですが、それがとても面白い分析で、そのことは頭にあって、それから二〇年後にその言葉がまたふっと浮かび上がってきたわけです。

アラン・ダンデス
一九三四―二〇〇五。アメリカの民俗学者。著書に『フォークロアの理論』『鳥屋（とや）の梯子と人生はそも短くて糞まみれ』。

知的間歇泉ノススメ

『精霊の王』の主題が最初に形成されたのは大学生のときです。そのころ**田中基**さんたちが『**古代諏訪とミシャグジ祭政体の研究**』という本を出しました。当時まだ田中基さんと面識はありませんでしたが、これは**北村皆雄**さんや**今井野菊**さんという諏訪の民俗や考古を研究していた方たちといっしょに作ったもので、読んでたいへんに関心をもちました。諏訪の祭礼をミシャグジ神を中心にして解き明かそうとしていて、それがどうも縄文につながるらしいというところまで研究している本です。

実は、僕にとって、諏訪の存在は子供のときから大きかったんです。僕は山梨で生まれて成長しましたが、山梨の精神的な中心地は富士山と諏訪です。武田信玄のころから諏訪が精神的なルーツだという意識は非常に強かったようですね。

諏訪湖は冬になると必ず出かけていましたね。目的のひとつはスケートをやることです。諏訪湖の御神渡《おみわた》りを見ることもできましたし、これには感動しました。諏訪湖が不思議な形状で結氷しているんです。スケートリ

田中基
たなか・もとい。一九四一—。季刊『ドルメン』編集長を務めた後、藤森栄一氏に魅かれて、約二〇年前から今日まで長野県の井戸尻遺跡の発掘調査に関わる。著書に『縄文のメドゥーサ』。

『古代諏訪とミシャグジ祭政体の研究』
古部族研究会編、永井出版企画、一九七五。

北村皆雄
きたむら・みなお。一九四二—。映像作家。アジアを中心に映像民俗学の分野を開拓し、数多くの作品を手がける。編著書に『見世物小屋の文化誌』。

今井野菊
いまい・のぎく。一九〇〇—(没年不詳)。郷土史家。著書に『諏訪ものがたり』『社宮司をたずねて』。

ンクは湖の端に作ってあって、そこでスケートをしながら諏訪湖の結氷した様子を見ました。その世界がもっている、荒々しくて、原始的で、きれいな光景にはとてつもない感動をおぼえました。そのときは、いやあ、自分はいいところに生まれたなとつくづく思いました。そこに縄文の遺跡がいっぱいあることを知ったのは、だいぶ後です。

田中基さんたちの本を読んだ年に、僕は東大の宗教学科の旅行幹事担当だったので、みんなで諏訪に行くことにしました。そうしたら、**柳川啓一**先生が、みんな諏訪のことなんか知らないから、ちょっと詳しい解説を書いてくれとおっしゃるんです。それで、田中基さんたちの本と合わせて、**伊藤富雄**氏など諏訪の研究者たちの諏訪神社祭礼研究とか、**宮地直一**先生の諏訪信仰の研究とかを読みあさって、小冊子を作ってから、みんなで旅行に出かけました。

諏訪では、宗教学科のみんなはびっくりしちゃってね。いろんな場所で僕が想像力豊かに解説をほどこし、あたかもそこに**鹿の首が七五個並んでる**かのごとく話すものだから、みんなもうあっけにとられていました。そんなわけで、その年のゼミ旅行は大成功でした。

それはともかく、宿神は、僕にとって昔から考えている主題のひとつで

柳川啓一
やながわ・けいいち。一九二六―一九〇。宗教学者。新宗教などの研究も行い、東大でのゼミ生には宗教団体へ調査者であることを明かさずに参加することを勧めた。著書に『祭と儀礼の宗教学』『現代日本人の宗教』。

伊藤富雄
一八九一―一九六八。政治家、郷土史家。戦後政治活動に入り長野県副知事も務め、百姓副知事ともいわれた。著書に『下諏訪町誌』。

宮地直一
みやじ・なおかず。一八八六―一九四九。神道学者。戦前の日本における神社・神道行政に大きな影響を与えた。実証史学に基づく神道史学の先駆者としても知られる。

鹿の首が七五個並んでる
御頭祭で、神前に七五頭の鹿の頭を供えていた故事をふまえている。

した。自分でもよく「間歇泉」という言い方をしますが、長い間を隔ててふわっと同じ主題が回帰してくることが多いのです。折口信夫のいわゆる**アタイズム**ですね。記憶の不思議な構造には、そのころから気づいていました。まるで地質学の地層のようだと思いましたよ。

記憶の構造には自分でも関心がありますね。自閉症の人たちの思考にも。自分の中にも似たものがあると思います。全然違うところで湧き出してるものが底の方ではつながってるということが見えるのです。

物語の読者としてなら、**メリメ**などの緻密な珠玉の短編が好きなんですが、自分で書くとなると、行ったり来たりするロードムーヴィーみたいになってしまいます。行きあたりばったりのようでも、たくまずして前のテーマが浮かび上がってくる。世界って、そういうふうにできているんじゃないかと思います。

音楽を聴いていても、最初に出た主題が忘れたころに、かたちを変えて出てくる、そのときの感覚とよく似ています。忘れていた主題がだいぶ時間がたってまた出てきたときに、それが新しい意味をおびて出てくるのを聴くのがたまらない快感です。

アタイズム
折口信夫によると「民族の遺伝的記憶からくる、見たことのない世界への懐かしみの感情」のこと。

メリメ
プロスペル・メリメ。一八〇三―七〇。小説家、歴史家、考古学者、官吏。激しい情熱や異国情緒に満ちた世界を、冷静・簡潔な文体で描いた。著書に『カルメン』『コロンバ』。

服部幸雄という存在

――中沢先生は、『精霊の王』は**服部幸雄**さんの『**宿神論**』を継承するような仕事とおっしゃっていましたが、雑誌に発表された時点でもう注目されていたんですか。

今では想像もつかないでしょうが、そのころはそういう主題がすぐに世間の注目を集めました。知識人に「共同性」の感覚があったんでしょうね。僕は、大学闘争で東大の入試がない年に京大を受けて落ちて、いったん早稲田の文学部に入りました。そうしたら、演劇をやっている友人がたくさんできた。当時は早稲田小劇場華やかなりしころだし、**つかこうへい**もその近辺で地道に活動している時期でした。

僕は、早稲田の演劇研の**郡司正勝**さんの講義に感動しました。**鶴屋南北**に始まり、とにかく多岐にわたっていました。いろいろなとこへ飛びながら、それこそダイビングしていくんです。しゃべり方、思考方法に身体性があるんですね。いやあ、すごいなあ、と思いました。

服部幸雄
はっとり・ゆきお。一九三二―二〇〇七。歌舞伎研究家、芸能研究家、日本文化史家。視野の広い歌舞伎研究と日本文化史の研究で有名。著書に『歌舞伎成立の研究』『さかさまの幽霊』。

『宿神論』
岩波書店、二〇〇九年。

つかこうへい
一九四八―二〇一〇。劇作家・小説家・演出家。在日韓国人二世。大学在学中からアングラ演劇第二世代の劇作家、演出家として劇活動を始め、大きなブームを巻き起こした。作品に『熱海殺人事件』『蒲田行進曲』。

郡司正勝
ぐんじ・まさかつ。一九一三―一九八。歌舞伎研究家・演出家。歌舞伎を民俗学的に研究、芸能

服部さんは歌舞伎の研究者で、郡司さんらの学問につながりのある人だと思っていました。当時、国立劇場の芸能調査室はたいへんな才能の集まり場所でした。だいたい国文学で歌舞伎なんか研究していると、就職はあまり望めません（苦笑）。そういう芸能学の俊才たちを引き受けたのが、国立劇場芸能調査室でした。だから、すごい才能がいっぱいいましたね。並の大学の先生よりすごいんです。そこの主任だったのが服部幸雄さんです。

服部さんの存在は、僕にとってはとても大きかったです。『宿神論』は、中世史をやっていた人たちのなかでも、**網野善彦**さんの周りの人たちが職人論、芸人論の流れとして読んでいました。宿神につながっていく問題として着目し始めていたんですね。非農業民から被差別民の研究の流れの中で、どうしても宿神に行きつかざるをえない。だから、服部さんの研究は、最初はむしろ歴史学者が注目しました。

歴史学は、資料を第一にして解析していかなければいけない実証性の学問ですから、芸の内面的構造にはなかなか入っていかないんです。僕は大学院のときに修士論文の中で見世物のことを扱いました。論文の主題はセミオティックなんですが、見世物のセミオティック分析をやっていくと、

のもつ精神構造に光を当てた。現代演劇・舞踏にも造詣が深かった。著書に『かぶき・様式と伝承』『鶴屋南北』。

鶴屋南北
つるや・なんぼく。歌舞伎の役者および作者の名跡。通常ただ「鶴屋南北」あるいは「南北」というときには、四代目のことを指す。怪談物や生世話物を確立し、歌舞伎の新しい表現を開拓した。作品に『東海道四谷怪談』『桜姫東文章』。

網野善彦
一九二八―二〇〇四。歴史学者。職人・海民など非農業民や地方・地域に焦点を当て、独自の歴史論を展開した。著書に『無縁・公界・楽』『異形の王権』。中沢新一は甥にあたる。

どうしても中世期の職人や芸人たちの話にならざるをえない。昔の言い方をすると、記号実践、プラティック、セミオティックというやつですね。そして、プラティック、セミオティックの構造を探っていると、その先になぜか宿神の影が見える。

大学院の学生のころから、小松和彦さんらと「明宿集」のような宿神関係の本をよく読んでいたんですが、それがいったいどういう意味をもっているのかは、はっきりわかりませんでした。小松さんはわりあいコンパクトなモデルを作るのが好きだから、中世の宇宙論みたいにしてモデルにしていましたが、僕はこの主題は、コンパクトな構造モデルじゃなくて、**リゾーム**なんじゃないかと考えました。宿神自体がリゾームみたいにいろんなところへ触手を伸ばして広がっていく。それは表面からまったく見えないけれど、地下茎のように日本文化の中を縦横に根を張っていく。その力のことを宿神といっているのではないかと。そんなふうに考えていました。ですから、縦横に根を下ろしていく宿神の大地がどこまで深いものなのか、そのことに大いに関心がありました。

リゾーム
根茎。ジル・ドゥルーズ＝フェリックス・ガタリが、西洋の学問にある樹状のモデルではなく、多方面に関係を結びあうモデルとして、『千のプラトー』で展開した概念。

ブリコラージュのゆるさ

山本ひろ子さんの研究はそうした中で傑出していました。山本さんは、中世のことを考えています。中世に、宇宙論、神話論、神話的宇宙論が統合されて、神話体系が整ってくる、だから中世の神話思考がいちばん重要なのだという考えをとりました。しかし、僕はその考えは狭すぎると感じました。

中世にできた神話的な表現や宗教的な表現を考えてみると、それらは結局**ブリコラージュ**として組み立てられています。ブリコラージュは、常に前の時代の材料や素材を集めてきて組み立て直すものです。この組み立て直し方は、中世になると非常に発達した。『**ジャータカ**』などのインド古典がよく読まれて、その物語構造に合わせて、ブリコラージュが行われる。

中世の神話がブリコラージュの素材としているのは、もっと前の時代のものです。『古事記』『日本書紀』の神話だって、構成方法が政治的で作為的であることはよく見えます。これをネイティヴ・アメリカンに見られるような、神話のだらだらしたゆるい構造の方に開いていくとどうなるだろ

山本ひろ子
一九四六— 。思想史家。主に日本の宗教思想について研究している。著書に『変成譜』『異神』。

ブリコラージュ
あり合わせの道具や材料で物を作ること。日曜大工、器用仕事。レヴィ＝ストロースが『野生の思考』等で紹介した。

『ジャータカ』
広くインドの民話に題材を求めた、釈迦の過去世物語。本生譚（ほんしょうたん）ともいう。

うと、僕はいつも考えます。きちっとしたものが出てきたとき、これをゆるいものにしたらどうなるか。ブリコラージュにしたらどうなるか。きちっと着てる人のネクタイをちょっとずらしたりしてドレスダウンしてみたら、かっこいいじゃんってことになるじゃないですか。

僕はそういうゆるいものが好きなのかもしれません。お能やお茶やお華、庭園なら数寄屋のような、中世から近世にかけて日本でできた文化を見ると、小さいモデルにまとまりすぎているなと思います。逆に、安土桃山時代の女性の着物の着方などが好きです。ちょっとだらしない感じで、でもそれがぴしっと決まっててね。深川の芸者の着物の着方や、助六などの江戸のダンディーたちもおしゃれです。それに比べたら、いわゆる古典芸能は息苦しいと感じます。

常にブリコラージュのゆるい結合方法に変型していきたい。『古事記』『日本書紀』にしてもすこしまとめすぎです。そういうものをほどいてみたい。インドネシアやアマゾンやミクロネシアの人たちは、熱帯ふうのゆるい思考で根本構造を変型していきます。

昔の中国人の書く小説などもゆるさがよく出てて好きです。代表的なのが**『西遊記』**。あのゆったりとしていいかげんな構想は、本当に好きです

『西遊記』
中国、明代に成立した伝奇小説。呉承恩の作と言われる。唐の玄奘三蔵が、孫悟空・猪八戒・沙悟浄を供に、さまざまの苦難にあいながら天竺へ行って、仏典を得る。

ね。ああいうものこそ、神話的だと思います。
　マンガでいうと、**しりあがり寿**さんの作品を発見したときは大喜びでした。僕は劇画というものがダメなんです。なんといっても好きだったのは**谷岡ヤスジ**で、線一本ですべてを表していて、あとはすべて白。すごいです。

しりあがり寿
一九五八―　。漫画家。パロディや時事ネタから哲学的なテーマまでをヘタウマなタッチで扱う。著書に『真夜中の弥次さん喜多さん』『地球防衛家のヒトビト』。

谷岡ヤスジ
一九四二―九九。漫画家。強烈なタッチのナンセンス・ギャグを連発、「鼻血ブー」など多くの流行語を生んだ。著書に『ヤスジのメッタメタガキ道講座』『アギャキャーマン』。

遍在する宿神

――『宿神論』が発表された当時、周りの方たちはどういう反応を示されてましたか。

けっして孤立した研究ではありませんでした。当時、**横井清**、網野善彦、**前田愛**と、国文学系統、民俗学系統、歴史学系統の人たちの関心が向かっていたのが、この宿神的なものでした。それは被差別と深く結びついていた。横井清さんが一番ストレートにこの問題に関心をもっていました。被差別の人たちが祀っていた神は、白山という神様と宿神でした。白山の神様は子供の神様ですが、宿神も子供と深いつながりがある。なぜ子供を神に祀るのか。

柳田國男は、これを座敷わらしや小さ子伝説のような「小さい子供の神様」という主題につながっていると考えていました。それがミシャグジという神と宿神との結びつきに柳田さんがふれたきっかけです。「小さい子供の神様」は、人類史的にも非常に重要なテーマです。

横井清
一九三五―　。日本中世史学者。中世民衆史を専攻し、差別、穢れなどの問題を実証的に論じた。著書に『中世民衆の生活文化』『的と胞衣』。

前田愛
まえだ・あい。本名の読みは「よしみ」。一九三一―八七。国文学者・文芸評論家。テクスト論、記号論などの新しい知見を日本文学研究の場に持ちこんだ。著書に『樋口一葉の世界』『都市空間のなかの文学』。

柳田國男
やなぎだ・くにお。一八七五―一九六二。民俗学者、農政学者。日本各地を旅行して民間伝承を取材、日本の民俗学を確立した。著書に『遠野物語』『蝸牛考』。

デュメジルが、ローマ神話の研究の中で、神々の体系に組み込まれない小さい神様に関心をもっています。それは子供として描かれます。なぜそれが被差別の人たちの神々になったのか。この問題は、歴史学や国文学者の人たちが意識していました。ただし、意識はしていたけれど、もう一歩踏み出せなかったと思います。そこへ服部さんがこの論文を書いたので、みんな、あっと思ったのです。

柳田國男の**『石神問答』**は、もともと甲州の石の神様の研究から始まったものです。**山中笑**という甲州の牧師さんで民俗学者が、石神と書いて「シャクジン」と読むことを柳田國男に知らせます。「シャクジン」という と、柳田さんの脳の中ですぐ宿神に結びつきます。この石神の本体である「シャクジン」は宿神と関係があるんじゃないかと思いついたのです。

山中笑さんは、もともとは江戸の考古学をやっていた人ですから、どうもこれは古代遺物だという感覚が働いていました。中世より前のものだから。当時の日本の考古学は、**坪井正五郎**たちが提出したコロボックル説とか、日本先住民をめぐるいろいろな学説が出てきたが、いずれにしても先住民の神様に関係があるだろうという予感はしていたのです。その先住民といわれるものがいったい何かというと、実は縄文なんです。

デュメジル
ジョルジュ・デュメジル。一八九八―一九八六。フランスの比較神話学者、言語学者。比較神話学で、インド・ヨーロッパ語族三機能イデオロギーを発見し、クロード・レヴィ＝ストロースや後の構造主義に大きな影響を与えた。著書に『神々の構造』『ゲルマン人の神々』。

『石神問答』
いしがみもんどう。柳田國男著。一九一〇年に刊行された日本民俗学の先駆的著書。日本にみられる各種の石神についての考察を、書簡をもとに編集したもの。『柳田國男全集』第一巻（一九九九）ほかに収録。

山中笑
やまなか・えむ。一八五〇―一九二八。牧師、民俗学者。筆名は、山中共古（きょうこ）。教会を転任する間に、各地の習俗を調査したり、民俗資料を収集、日本民俗学の先駆的業績を残した。著書に『甲斐の落葉』『砂払』。

僕は、この柳田さんの発想はとても重要だと思いました。被差別民の神々であり、芸能者の神でもある宿神が、諏訪のミシャグジという神を通して、もっと古い地層にまでつながっていることを示唆しているのですから。僕はそのアイディアをとことん突き詰めてみようと思いました。日本の神々の本体は、『古事記』『日本書紀』、中世と、その都度完結度の高いシステムにまとまっていきますが、ブリコラージュ的な神話思考の素材としている世界はリゾーム状に広がっていて、そのリゾーム状の空間を包摂したのが宿神という概念ではないかと考えるに至ったのです。

それで、あの『精霊の王』が書かれたわけですが、そのとき着想したりしていたものは、実はもっと大きい主題に広がっていることに気づきました。今ではこれではまるで完成していないなあと思っています。その目に見えないリゾーム状の空間をどうやってつかみ出してくるか。今は『アースダイバー　神社編』という仕事で、現在の神社の習俗の中から、そういうところへもう一回分け入っていくことができないかと少しずつ研究を進めています。とにかくその空間は実に巨大で、まだまだ謎を秘めて僕の前に立ちふさがっている感じです。

坪井正五郎
つぼい・しょうごろう。一八六三―一九一三。人類学者。日本の人類学・考古学の創始者のひとり。日本石器時代人＝コロポックル説を主張した。

地層の中の根・菌・地下茎

――具体的にどういう問題をいまお考えなのか、伺ってもいいですか。

まず、日本の精神文化を地層分析して、一番古い地層がどういうかたちでどこへ出てくるのかをはっきり見届けたいので、その検証作業をやっています。一番古い地層の中にある観念を取り出して、その上に何がかぶさり、どういうブリコラージュ思考を通じて古い観念を自分の中に組織化しているのかを見極めたい。縄文、弥生は古層として現れますが、七世紀ぐらいに大転換が起こって、新しい層が日本人の宗教の地層の中に形成されます。これが典型的に現れるのが伊勢神宮です。この三つをまず地層に分けておこうと思っています。その上で、たとえば歌舞伎がどこまで根を生やしているものなのか、能がどこまで根を下ろしているものなのかを見てみたい。

頭の中にいつもあるのは、植物のイメージです。しかし、本当は重要なものは根なんか下ろしてないのかもしれません。もしかすると文化の本体は、南方熊楠が考えていたコケやキノコや粘菌のようなものなのかもしれません。菌類がマンダラ状に動くようにして、文化は形成されているのかもしれない。

でも、実際にわれわれの目に見えてくるのは、樹木状をしたものです。今は僕もその根を探ったりしていますが、本当はその根毛の先にあるコケや粘菌のような菌類状をしたものが運動しながら移動していくという図にいきあたるんだと思います。

ジル・ドゥルーズは、今の話でいうなら、いきなり地下の根や菌の方へ飛び出すのですね。あれはヨーロッパだからそうなんですね。上の方に出ているヨーロッパの文化構造が、リゾーム状をしたこの空間を抑圧してしまう。しかし、その空間を実体として体験できていないなと感じてしまいます。**フェリックス・ガタリ**がそれについて熱を込めて語っているのに、いつも空回りする印象をぬぐえないのはこのせいです。

ところが、日本人はリゾーム状のものから樹木まで、全部ひとつながりにもっている。それをとりだす作業は複雑怪奇を極めます。ドゥルーズのように地下にあるリゾームを明確に捉えることができればいいけれど、それが僕らにはできません、表面に顕れているから。その世界で悪戦苦闘し

フェリックス・ガタリ
一九三〇―九二。フランスの哲学者、精神分析学者、精神科医。ラ・ボルド病院に勤務し、精神医学改革の運動を進めた。ジル・ドゥルーズとの共同作業でも名高い。著書に『精神分析と横断性』『機械状無意識』、ドゥルーズとの共著に『アンチ・オイディプス』『千のプラトー』。

思弁的実在論
二〇〇七年四月、ロンドンのゴールドスミス・カレッジで開かれた学術会議で注目を集めた議論で、実在に対する人間の優位を説く哲学を人間中心主義的な思想として退け、ある種の実在論を擁護しようとする。この会議での発表者は、レイ・ブラシエ、イアン・ハミルトン・グラント、グレアム・ハーマン、クァンタン・メイヤスーの四人。

『はじまりのレーニン』
岩波書店、一九九八／岩波現代文庫、二〇〇五。

ている感じです。

とはいえ、まずは表面上に顕れたもの、あるいは現象化したものを手がかりにしなくてはなりません。現象していないもの、潜在空間にあるもの、あるいは最近の**思弁的実在論**でいう実在を捉えるために、現象化したものを手がかりにして、その奥にあるものに触れることは可能だと僕は思っています。

思弁的実在論の考え方は、僕にはなじみ深いものです。僕なりの唯物論の考え方を表明した『**はじまりのレーニン**』というのがそれです。**レーニン**は、**カント主義**にしじゅう怒っています。物自体には触れられない、不可知だ、触れられないんだ、というけれど、いや、そうじゃなくて手を当ててみると脈動を感じるじゃないか。この脈動を捉える論理的方法を見つければ、その向こうにあるものも推測できるんじゃないか、それがレーニンの唯物論です。

ヘーゲルの場合は、もっと先まで行って、物自体にも実在を与えてしまいますが。レーニンが感動しているヘーゲルの『**大論理学**』という本はそういう実在のタッチを論理化しようとしているのです。神経組織にセンサーを当てて脈動を感じている哲学みたいなものです。その実在探究の方

レーニン
ウラジーミル・レーニン。一八七〇—一九二四。ロシアの革命家、政治家。帝政ロシア内の革命勢力をまとめてロシア革命を成功に導き、史上初の社会主義国家であるソビエト連邦とソ連共産党の初代指導者を務めた。著書に『帝国主義論』『国家と革命』。

カント主義
ここでは、物自体は認識できないとする立場を指す。

ヘーゲル
ゲオルク・ヴィルヘルム・フリードリヒ・ヘーゲル。一七七〇—一八三一。ドイツの哲学者。ドイツ観念論の完成者として知られ、後世に大きな影響を与えた。著書に『精神現象学』『法の哲学』。

『大論理学』
ヘーゲルの主著で、論理学（小論理学）、自然哲学、精神哲学の三部からなり、あらゆる哲学・知を体系化しようとする壮大な構想をもつ。

法はありだと思います。

この別のものに移し替えて認識する方法の極致が、**ガロア**の理論だと考えてきました。数の構造と群の構造の二つに対応関係があって、片方をトントンとたたくと、もう片方がピンピンと反応するんです。数のことはわからないけれど、群は目に見えるものなので、それをトントンとやってみると、向こうの目に見えないものが、やっぱり同じように反応するのです。向こうのものは直接はわからないけれど、群を観察していると、向こうのものがわかるという発想ですね。

仮面というのもそれです。仮面は、ガロアの理論だと思います。仮面は、見えない空間に表現を薄く張りつけているんです。その敏感な素材をちょっとトントンとやってみると、向こうが反応する、その境界で振動が行ったり来たりします。それを仮面と呼んでいるんです。それを芸能で表現すると翁、数学で表現するとガロア理論になるわけです。

僕の考えでは、芸能という表現領域で人間の心が表現しようとしていることと、数学が表現しようとしていることの間には、構造変換の関係性があるはずです。その変換を寄せ集めたら、脳が何をやっているかが少し見えてくるのではないかというのが、僕が考えていることです。

ガロア
エヴァリスト・ガロア。一八一一—三二。フランスの数学者。体論、群論、環論の研究を行い、代数学の基礎を構築した。非常に若くして才を発揮し、現代数学に多大な影響を与える業績を残したが、革命運動に身を投じ、投獄、仮出所の後、決闘で命を落とす。

――その構造変換が依っているのが、たとえば対称性であり、アナロジーということになるわけでしょうか。

アナロジーは、ニューロン結合の中でシナプスの可塑性が働く性質を使って、別の接続回路を作っている過程から生まれてきます。

ネアンデルタールとホモ・サピエンスの脳の違い

類人猿なども含めて人類の脳の化石が残っていますが、それを電子顕微鏡で分析してみると、脳の骨の内側に脳があったひだの構造が明らかになります。それを調べていくと、ホモ・サピエンスの脳になると今のわれわれの脳と変わらない構造をしていることがわかります。ただ、ネアンデルタールとホモ・サピエンスの脳構造の間に実際に変化の跡が残ってるというところまでは、まだ明らかにはできていません。

ただ、ひとつ重要な違いがあって、ホモ・サピエンスが出現するときに、芸術と宗教が生まれます。ネアンデルタール人には、芸術と宗教は発達していない。ネアンデルタールは言語をしゃべっていました。道具の使用法もみごとなもので、ノミを使うときには、石の対称性をはっきり見て割り込んでいます。ホモ・サピエンスになってからも、こうした技術はネアンデルタールから借用しているくらいです。ほかにも、集団で動物を追い込んでいく狩りのやり方とか、家族のつくり方には両者の近さを感じます。ところが、宗教と芸術だけはなかった。それはいったいなぜなのか。

それを考えるには、芸術の根源を探っていかなければいけません。それを僕はアナロジーに求め、それを実現できる神経回路網を考えていったときに、**『対称性人類学』**の中で最初のスケッチが生まれました。

――樹木状の思考しかできなかったものが、リゾーム状の思考になっていったということですね。

そうです。リゾーム状の機構を組み込めるようになる。人類の言語表現は、リゾーム状の機構を組み込んであります。神経組織としてはリゾーム状の構造をしていて、それが言語の構造として表れてくるときには**メタファー**や**メトニミー**のかたちをとるようになる。そう考えてみると、ネアンデルタールの言語構造は、メタファーやメトニミーの要素なり能力なり

『対称性人類学』
講談社、二〇〇四。

メタファー、メトニミー
メタファーは隠喩、あるいは暗喩。「雪のような肌」ではなく「雪の肌」というように、比喩でありながら比喩であることを明示しないこと。メトニミーは換喩。「食卓」で、テーブルではなく食事や料理を指すように、概念の隣接性や近接性に基づき、語句の意味を拡張して用いること。

が最小限な言語だったと考えることができます。これはS（動詞）、V（動詞）、O（目的語）の構造をしているはずです。**チョムスキー**が言語能力の根源として取り出した図式は、ネアンデルタールに通じるくらい根源的なものでしょうしね。

その上にメタファーの構造がセットされるときに、人類の構造が出てきます。**ロマン・ヤコブソン**の言語学は、メタファー、メトニミーを組み込んだ人類の無意識の思考方法に関する言語学です。これに対してチョムスキーの言語学は、どちらかというとサイバネティクスの局面下に焦点を合わせている。

ネアンデルタール的言語活動を行う脳は、基本的にサイバネティクスの構造をしています。ところが、ホモ・サピエンスの脳は、サイバネティクスだけではうまくいかない。途中まではサイバネティクスで合理的に進んでいくけれど、途中に無意識が介入してるんですね。

無意識とは何か。これを**ラカン**はメタファー、メトニミーとして取り出しました。つまり、水平に論理が線形に進んでいくサイバネティクスに、無意識が途中で突然垂直方向に介入してくる。垂直方向に入ったところで、メタファーやメトニミーが介入しだす。そうすると意味が自由に、複雑に

チョムスキー
ノーム・チョムスキー。一九二八―。アメリカの哲学者、言語学者、社会哲学者、論理学者。「生成文法」を提唱し、現代言語学の父と称される。アナキズムの立場からの舌鋒鋭い政治批評でも知られる。著書に『言語と精神』『グローバリズムは世界を破壊する』。

ロマン・ヤコブソン
一八九六―一九八二。ロシアの言語学者。言語学、詩学、芸術などの分野における構造分析の開拓や発展に大きく寄与した。著書に『一般言語学』『構造的音韻論』。

ラカン
ジャック・ラカン。一九〇一―八一。フランスの哲学者、精神科医、精神分析家。フロイトの精神分析学を構造主義的に発展させた。また、「鏡像段階」「対象a」「現実界／象徴界／想像界」といった概念群を用いて自己の理論を展開した。著書に『エクリ』『二人であることの病い』。

なっていく。そこに無意識が働くのですが、また行動に移るときには、サイバネティクス構造に替えられます。

そう考えてみると、**吉本隆明**の言語学の本質が見えてきます。『**言語にとって美とは何か**』に、自己表出軸、指示表出軸という概念が出てきますが、指示表出軸と呼ばれるものは、サイバネティクス的です。一方、自己表出軸と呼ばれたのが無意識です。フロイト的無意識とサイバネティクス、この二つの結合体で人間の言語活動はできあがっているというのが、吉本さんの言語論です。これは基本的には正しい考えだと思います。

―― 吉本さんの本で、「彼の頬はリンゴだ」という言い方は、「彼の頬は赤い」という意味のことをいうのに使われるもので、そちらの方が隠喩として高級であるかのように思われがちだが、実は言語としては「彼の頬はリンゴだ」という方が先だったのかもしれない、と論じられていますね。この指摘には、喩、あるいは言語の結びつきの不思議さを思わされます。一方で、言語は自在に結びつくだけではないということをも示しているように思いますが……。

吉本隆明
一九二四―二〇一二。評論家、詩人。「自立」の思想を軸に、文学者の転向からマンガまでを論じ、「戦後思想の巨人」と称された。著書に『共同幻想論』『最後の親鸞』。

『**言語にとって美とは何か**』
勁草書房、一九六五／角川ソフィア文庫、二〇〇一。

シュルレアリスムで、**ロートレアモン**の「手術台の上のミシンとこうもり傘の出会い」という言い回しが有名です。そこでも実は自由と拘束のバランスが重要です。恣意的なようでいて、実は意味に拘束されています。ここでは、ミシンとこうもり傘が選ばれる必然性があるし、その下に手術台があることにも必然性がある。しかし、こうして結合させると、まったく恣意的のように見える。

つまり、自由と拘束との間で絶妙なバランスをとるとき、芸術表現、正しい表現とわれわれが感知するものが生まれるのでしょうね。それが別のものにずれて、たとえば「こうもり傘と水晶玉の出会い」といったって、これはちょっと違います。それは、あまりに恣意的すぎるから。人間の表現は、恣意的ではダメで、そこに拘束性なり必然性があって、拘束と自由がバランスをとったときに初めて、いい表現だということになるのです。

ロートレアモン
一八四六—七〇。フランスの詩人、作家。本名はイジドール・リュシアン・デュカス。悪と反抗をテーマに苦悩と幻想の世界をうたった詩集『マルドロールの歌』により、シュルレアリスムの先駆者とされる。著書に『マルドロールの歌』『ポエジー』。

仮面と葬礼

――さっき仮面の話が出ましたが、お能でも、いうまでもなく能面は非常に重要です。『精霊の王』にも現代語訳が掲載されている金春禅竹の『明宿集』では、仮面の由来は、たとえ話でしかできないと書かれていました。

仮面は、人間が神というものをはっきり考えるようになった瞬間に出てきたと思います。仮面の向こうは見えません。だから、仮面をつけるというのは、見えない空間を現出させるということです。その仮面の向こうにある物自体の空間が何か生命的な脈動の向こうにあるものであることを認知させるためには、人間がかぶらなければ表せないのです。仮面をつけた人間は、半分は人間ですが、仮面の奥はリゾーム状の無限の空間に広がっている存在です。隠すからそれが見えてくる、という構造になっています。神、というより精霊、スピリットの観念といっしょに仮面は出現しているのです。最初の神の姿をどう捉えるのかが、宿神論としての『精霊の王』

の主題ですね。

当然このとき、死のことも意識されています。たとえば、墓石を置くという行為があります。墓石を置くと、その向こうにある死の世界が観念されるようになります。墓石が現世の世界に確実なものとしてあればあるだけ、その分断は強調されて、こっちの世界には足を踏み入れないということになるわけですから。死、スピリット、仮面。これらは認知能力の同じ系列に属するものですね。

——ネアンデルタール人には、まだ葬礼はなかったわけですか。

なかったわけではありません、完全なかたちではないですが。ネアンデルタールの埋葬の実例があります。イラクのシャニダールという谷で見つかったネアンデルタールのお墓からは、障害者らしい人の骨が見つかりました。しかも、どうも死んだ後に花で死体を埋めつくしたようで、その花粉が残っていた。ということは、ネアンデルタールはもう葬儀の観念をもっているということになります。花を捧げているわけですからね。しかも、それがまた障害者というところが胸に迫ります。この発見は、考古学にとっては衝撃でした。ネアンデルタールは死の観念を組織化していないというのが一般的な理解でしたから。

もちろんこの問題をめぐっては、まだ諸説飛びかっている状況です。考えてみると、この地帯でネアンデルタールとホモ・サピエンスが同居している。結婚もしているらしい。ということは、ホモ・サピエンスから死の観念なり習俗なりを教わった可能性もあります。ですから、はっきりしたことはまだわからないといった方がいいでしょう。

ただ、素朴なかたちでは、ネアンデルタールの中にもすでに葬礼はあっただろうということになりますね。いうまでもなく、ある日突然、ニューロンの組織がホモ・サピエンスになるわけではありませんから。

精霊とは何か

――そのときに、宿神の祖型のようなものもやはり生まれてくるのでしょうか。

精霊とか宿神は、宗教体系が整ってくるときにはどうしても必要なものとなります。キリスト教も、神と子だけじゃ成り立たない。精霊がないと成り立たない。

しかし、精霊とは何かといえば、実際にはよくわからないんです。古いキリスト教神学の本を読んでも、結局はよくわからないという印象を受けます。精霊の考えをわかりやすいかたちにすると、天使論になります。精霊は天使とパラレルだとすると、構造的にわかりやすくはなりますが、天使になると、今度は原始的な人間の感覚からだいぶ離れてきてしまうんですね。むしろこういう精霊の方が、モノに密着している。

僕は天使論に昔からすごく興味があって、『チベットのモーツァルト』のころから関心があるんですけど、それのアジア的に姿を変えたのがこの

『精霊の王』なんです。

――いわゆる三位一体論とか「父と子と精霊」といったときの精霊って、人類の思想史の中ではかなり新しい部類に入るんじゃありませんか。

いやいや、そんなことありません。精霊は中近東から入ってきた思想です。中近東から来た原始的な概念が、キリスト教の中へ入っている。その組み込みはおそらくシリアあたりで起こったんでしょう。シリア・キリスト教は、キリスト教の中でもたいへん面白い考え方で、すべてが光なんです。とても面白い光の形而上学で、キリスト教では異端とされた教えです。ネストリウス派などの考えのもとにもなっているものです。

キリスト教に流れ込んだ古代的なわけのわからないもののひとつが精霊です。のちのちだいぶ洗練されて、スピリット論が出てくるようになりますけど、最後までよくわからない部分をはらんでいます。**フィリオクェ問題**という、東ヨーロッパと西ヨーロッパが分裂するもとになった形而上学的問題がありますが、その段階になってすら精霊が何なのかよくわかっていません。

フィリオクェ問題
ニカイア・コンスタンティノポリス信条の解釈・翻訳をめぐる問題である。キリスト教の神学上最大の論争のひとつで、カトリック教会と正教会の分離、いわゆる大シスマ（東西分裂）の主因となった。正教会では「聖神は父より発する」とするか、カトリック教会では「聖霊は父と子より発する」とするかをめぐって、東西のキリスト教会を二分する深刻な対立状態がもたらされた。

これは諏訪神の構造と同じだなって。ミシャグジにはとんでもなく古いものが食い込んでいますから、整合性のある論理が作れない。だから、なんとかつじつまを合わせてやりくりしてきてるわけですね。キリスト教もそうなんだと思います。

ヴィーコの「新しい学」を書きかえる

——そこを解きほぐすためには、どういうことが必要になってくるのでしょうか。

自分の学問は、**ヴィーコ**の考えた「新しい学」に近いと、最近痛切に感じます。東京外語大で**グラムシ**をやっていた**上村忠男**先生が、以前しきりと、君はヴィーコを読みなさいって薦めてくれました。当時はなかなか読まなかったんですが、読んでみたら、自分のやろうとしてる方法論が本当にヴィーコに近いことがわかって驚きました。

ヴィーコの議論は、人間の文明とか言語文明の根源は知的なものであるというところから始まるわけですね。知的な構造は、先ほどの言い方でいえば、人間の神経組織の問題です。ヴィーコは、その知的な言語構造を中心軸として、それが歴史と対応関係をもっているという構造分析を行い、それを全歴史に対応させようとしたんです。

そこにたとえば**山際壽一**先生たちがやってるサル学の類人猿の学問とか、

ヴィーコ
ジャンバッティスタ・ヴィーコ。一六六八—一七四四。イタリアの哲学者。デカルトの合理主義を批判し、対象を精神の中で再構成することに真理の新しい基準を置いた。著書に『新しい学』『学問の方法』。

グラムシ
アントニオ・グラムシ。一八九一—一九三七。イタリアの政治家・思想家。イタリア共産党の創立に参加し反ファッショ闘争を指導。投獄中に執筆されたノートが戦後に刊行され、戦後の思想界全体に大きな影響を与えた。著書に『獄中ノート』。

直立猿人から今のネアンデルタールやホモ・サピエンスへの流れについても知見を加えて総合していったとき、ヴィーコの「新しい学」は、二一世紀的に書き換えられるんじゃないかと思っています。

コンピューター文明の果てには、やはりそれが必要になってくるでしょう。今はまだ過渡期なのですが、今に限界点がきて、そのときになればおのずとみんなが気がつくはずです。

ヴィーコの学問は未来の学問です。大学の構造をヴィーコ的な体系に合わせて作るのが理想です。今は人文系が排斥されていますけど、これはある程度しょうがない。人文系の学問は遅れてるから（苦笑）。

これを大改革して、自然科学と同じ方向を向いたものに作りかえて「新しい学」を構想していくことが、将来の大学の学問というものだと考えます。

上村忠男
うえむら・ただお。一九四一―　。歴史学者。イタリアを中心としたヨーロッパ思想史が専門。著書に『歴史家と母たち』『ヴィーコ』。

山際壽一
やまぎわ・じゅいち。一九五二―　。人類学者、霊長類学者。ゴリラ研究の第一人者。京都大学総長。著書に『ゴリラ』『暴力はどこからきたか』。

第3章

プロデューサー世阿弥を継承する

土屋惠一郎

聞き手＝編集部

「面白いから、やる」を掘り起こす

――土屋先生が長年「橋の会」という能の上演団体を運営されていたことは、よく知られていることと思います。ただ、能に興味のある方以外にはその活動ぶりがあまり伝わっていないようですので、今日はそのあたりのお話を詳しく伺えればと思います。

ただ、その前に、土屋先生も「大学で法哲学を勉強してる人間がなぜ能なんだ」ということはよく聞かれたのではないでしょうか。土屋先生の中では、能が好きな自分と法哲学やベンサムを研究している自分とはどういう関係にあるんでしょうか。

多田富雄さんという免疫学者の方がいらしたでしょう。あの人、能がお好きで、しかも鼓がうまかったんですよ。彼が東大の退官のときも、能楽堂で**橋岡久馬**さんが舞囃子を舞って、多田さんが鼓を打つというのが退官記念パーティーでした。僕はそこにいなかったけれど、要するにそれぐらいうまいんですね。その彼がいうには、「関係ないからやってる」(笑)。

多田富雄
一九三四―二〇一〇。免疫学者、文筆家。免疫学に優れた業績を残しつつ、五〇代より旺盛な執筆活動を展開。能の作者としても知られる。著書に『免疫の意味論』『能の見える風景』。

橋岡久馬
はしおか・きゅうま。一九二三―二〇〇四。能楽師。四三年、歴代最年少で人間国宝となる。父譲りの精密な解釈と独特の表現力で異彩を放ち、〝鬼才〟と評された。

ひとりの人間にはひとつの仕事しかないというのは、ちょっとおかしいですよね。人間にはいろんな可能性があって、いろんなやりたいことがある。確かに給料をあるところからいただいてることは間違いないんだけれど、給料をいただかないところに自分の可能性があれば、それはやるよね。給料をもらわないからやらない、ということにはならないわけです。

僕は「橋の会」という能楽上演団体のプロデューサーを長いことやっていましたが、お金はいっさいもらってないんですよ。払う方が忙しくてね(笑)。ときどきはもらうことはありましたが、それはせいぜい一〜二回で、あとは完全にボランティア。

だけど、お金をもらってなくてもやる。それはやっぱり面白いからですよ。つながってないものをつなげたり、新しい世界を作り上げるのが面白いから、やるんです。

事実、橋の会の興行によって能の上演のあり方は変わっていった。横浜能楽堂なんて地方の能楽堂がとても面白い企画で評判になったけれど、ほとんど私が「橋の会」でやったことのコピーだった。それくらい、伝統芸能である能を、現代に上演するスタイルを作ってしまった。それは自負もありますね。

それは、大学の教師だとなかなかできないことではあります。大学の教師をやっているのは、本を読むのが好きだったからですけどね。

要は、僕はひとりの個人としては、本が読めて音楽が聴けていれば、何もいらないんです。それを支えてくれるだけのものがあれば十分なんです。偉くなりたいとかいう野心はほとんどない。それならなぜ法学部長を四年間やり、教務理事を四年間やり学長までやるのかということになるけど、それも大学をプロデュースしたかったからです。どうしたら大学を魅力あるものにしていくことができるのかを全身で考えるのは、面白い。それ以外はない。能のプロデュースをやるのは、たまたまいろんなつながりができたからやっているだけで、自分の中にひとつの可能性しかない、なんてことは絶対ありませんよ。いろいろな可能性があれば、できるんだったらこっちもやる、あるいはもっと違うものをやるかもしれない、と思っています。そこはドン・ファン的だね。

ただ、能と学問研究に関係があるかといわれたら、それは関係ないですね。多田富雄さんがいったみたいに、関係ないからやるわけです。いや、関係ないからという理由もありませんね。理由もなくやってるんだもの。面白いからやっているわけです。学問だって、もともとは面白いからやる、というものですよね。僕が大学の研究者として仕事をしているのは、本が好きだから。

そういう「面白いから、やる」を掘り起こすのが、いわば大学の使命です。学生に対しても、これをやれ、とはいえないからね。でも、面白いものを見つけるためのチャンスは与える。そのチャンスの場が大学だと思います。なぜそれを面白いと思うのかはわからないけれど、でも、何かある触発するものがあって、面白いと思ったところから始まるわけでしょう。最初は単なる発火点にすぎないけれど、それがだんだんとかたちをもっていく。その発火点を見る場所が大学であったり、芸術であったりするんですよ。何が面白いかというのは、自分では理由が見つからないものなんですよ。

周りの人が僕を育ててくれた

――土屋先生は現在明治大学の学長を務めてらっしゃるわけですが、ご自分では大学時代をどのようにお過ごしだったのですか。

僕の場合は、勉強は自学自習というか、やはり自分の面白いと思うことに熱中する日々でした。学生運動もありました。当時はまだ内ゲバなんていうものもなくて、知的運動としてかろうじて存在していました。**小田実**の「べ平連」もあったし、**鶴見俊輔**の『思想の科学』もありました。マルクスも読んだし、聖書も読んだ。そこで多くのことを学んだことは確かに間違いありません。

ただ、それで研究者になるという気はありませんでした。僕は中沢さんみたいな知的な環境でもなかったですしね。対照的なんですよ、僕は板前の息子なので。板前といっても小料理屋だね、割烹。生まれは向島。小さな料理屋の息子に生まれて母方も左官屋を代々やっているお店の娘でしたから、環境的にはずっと職人の世界なんですよ。

小田実
おだ・まこと。一九三二―二〇〇七。作家・評論家。アメリカ留学中に世界をめぐった旅行記『何でも見てやろう』（一九六一）がベストセラーに。六〇年頃より平和運動に関わり、六五年に発足した「ベトナムに平和を！市民文化連合団体」（略称「べ平連」）は大きな社会的広がりをもった。著書に『難死の思想』『HIROSHIMA』。

鶴見俊輔
つるみ・しゅんすけ。一九二二―二〇一五。哲学者、批評家。都留重人・丸山真男らと『思想の科学』を創刊。プラグマティズムや論理実証主義を日本に紹介し、転向研究から大衆文化研究まで、幅広い分野で評論活動を行った。著書に『限界芸術論』『柳宗悦』。

でも、どうしてかわからないけれど、本を読むことは小さいころから好きでした。中学二年のころ、一九六〇年安保があって、それについて書かれた本を読んでいたことを覚えていますね。同時に僕は野球少年でもあって、小学校から高校の一年まではずっと野球をしていたから、だいぶ年季が入ってますよ。

早熟？　そうかもしれませんが、そうなった理由は家庭でもなんでもないんです。クラシックの音楽が好きになるのも実はそのころですが、これも周りにはいっさいそういう環境はないわけです。たまたまラジオで流れてきたときに感度が合って聴くようになって好きになったんですね。誰かに教えてもらったということはありません。

そうすると、自分の中に不安定な部分がいつもあるんです。何か基盤があって、その中でできてきたわけではないから。でも、その不安定さが僕にとってはよかったと思う。既成の学問の枠組みに乗っかって勉強するのではなく、いつもどうやってそこから逸脱しようかと考えていたから。

大学院では中村雄二郎という存在に出会いましたが、中村雄二郎に学問的な影響を受けたかというと、あまり影響を受けたという感じはしないんです。僕を育ててくれたことは間違いないし、雑誌に書く機会を与えてもらえたのも確かですけどね。でも、向こうはフランス哲学で、僕は法哲学で、**ハンス・ケルゼン**というウィーンの法律家とか、それこそベンサムを勉強していたわけですから、学問的には全然接点はないんですよ。ただ、やり方とかものの書き方とか考え方とかは影響を受けたかもしれません。逆に、ダンスとか能については、僕の方が中村雄二郎に影響を与えているくらいですよ。

もちろん中村さんから学んだことは多いです。同時に、大学の外の人間とのコンタクトが強くて、そこでありがたいことに評価をしてもらえたことが、僕にとっては大きかったですね。やはり周りの方に恵まれたんだと思います。

たとえば、東京大学の**長尾龍一**さんが、僕のことを非常に可愛がってくれましたね。東大の合宿に連れていってくれたり、僕の将来を親身になって心配してくれました。長尾龍一さんは法哲学のハンス・ケルゼンの研究者で、僕はその研究をしていたこともあって接点があったんですが、僕にとってはむしろ多様な関心の中で出会った方という印象が強いですね。

もうひとり僕が影響を受けたのは、**ヴィトゲンシュタイン**研究者の**坂井秀寿**さんです。残念ながらアメリカで交通事故に遭われて、一九九四年に

ハンス・ケルゼン
一八八一―一九七三。オーストリア出身の法学者。二〇世紀における最も卓越した法学者のひとりと呼ばれ、近代のいわゆる「ヨーロッパ型憲法モデル」を再検討した。著書に『純粋法学』『民主主義の本質と価値』。

長尾龍一
一九三八― 。法学者。日本におけるハンス・ケルゼン研究の第一人者。その他、マックス・ウェーバー、トマス・ホッブズや、諸子百家等の古代中国思想にも造詣が深い。著書に『法哲学入門』『日本国家思想史研究』。

ヴィトゲンシュタイン
ルートヴィヒ・ヴィトゲンシュタイン。一八八九―一九五一。オーストリア生まれの哲学者。言語の有意味性の根拠を問いつつ、〈自我〉〈言語ゲーム〉などのテーマに取り組み、論理実証主義に大きな影響を与えた。著書に『論理哲学論考』『哲学探究』。

亡くなられましたね。坂井さんが都立大にいたころ、彼がやっていたヴィトゲンシュタイン研究会に出たことがあって、そのときはヴィトゲンシュタイン云々よりも、彼の考え方のスタイルの方が面白かったですね。すごく影響を受けていると思います。たまたま僕の高校時代の英語の家庭教師が当時東京外語大の学生だった**山中桂一**さんで、のちにロマン・ヤコブソンの研究者として知られるようになるのですが、その山中さんが坂井さんと親交があって、山中さんから誘われて、研究会に出ていました。

中村雄二郎の助手としては、日仏哲学会の仕事も手伝いましたが、そこで**坂部恵**さん、**市川浩**さんと出会うことになります。僕は明治大学出身で、だいたい思想論壇に明治出身なんて皆無。四〇歳くらいになって気づいたんだけれど、どうも僕は東大出身と思われていたらしい。東大出身にこんな面白いことをやっているやつがいるか、とその時は思った。しかし、周りに評価してくれる人も仲間もいなかったから、坂部恵さんや、市川浩さんに可愛がってもらえたのはうれしかった。「橋の会」にしても、僕以外は東大出身で、**鴻英良**なんかは、わざと東大出身じゃないとわからないインナーの話をするわけだよ。こういう奴かと思ったな（笑）。だいたい左翼は権威主義だから、東大にすがるんですね。右翼保守の方がそういう点

坂井秀寿
さかい・ひでひさ。一九三四―一九九四。哲学者。著書に『哲学探究』『日本語の文法と論理』。

山中桂一
一九四〇―　。言語学者。著書に『詩とことば』『日本語のかたち』。

坂部恵
さかべ・めぐみ。一九三六―二〇〇九。哲学者。カント、和辻哲郎、九鬼周造を研究、岩波書店版『カント全集』の監修を行った。著書に『仮面の解釈学』『和辻哲郎』。

市川浩
一九三一―二〇〇二。哲学者。身体論を軸に、心身二元論の克服をめざした。著書に『精神としての身体』『〈身〉の構造』。

鴻英良
おおとり・ひでなが。一九四八―　。演劇批評家。著書に『二十世紀劇場』。

では、ずっと健全でフェアーだよ。

僕が演劇について初めて書いたエッセイは、観世寿夫と**太田省吾**の「小町風伝」についてのものでした。二八歳だったかな。このかなり長文の原稿を『新劇』に発表したときに、ほとんど未知の市川さんから絵ハガキが来て、たいへんなおほめの言葉をいただいたことは忘れられませんね。中村雄二郎がこの『新劇』を読んで、僕の机に放り投げて、「負けたよ」といったのはよく覚えている。当たり前だよ、と内心ほくそ笑んだ。今思い出したけれど、それを書いたときは中沢さんが書いたものを意識していた。やっぱりほめてもらえるのはうれしいんですよ。だから年をとったら若い人をほめてあげないと。

こうした市川浩、坂部恵、長尾龍一、坂井秀寿といった方々に認めてもらって前に押し出してもらったことが、僕にとっては非常に大きかったんです。今はそういう人がいないんですよね。僕が本当はそういう立場にならなくちゃいけないんだけど。まあ、今はちょっとそういう立場といえなくもないのかな。ともかく、昔は自分の下の人間を引き上げてくれる人がいて、僕はそれで本当に助かりましたね。先代林家三平が真打になったお披露目の口上で、名人古今亭志ん生が「手を取って引き上げて行く山登り。

太田省吾
一九三九―二〇〇七。劇作家・演出家。一九六八年、「転形劇場」旗揚げに参加。無言劇と呼ばれる独自のジャンルを作り出した。作品に『小町風伝』『水の駅』。

林家三平よろしくお願い申し上げます」と上野鈴本でいったのをよく覚えているけれど、まったくそうだね。

多木浩二さんも僕を非常に認めてくれて、僕の知的パトロン役になってくれましたし、岩波書店社長になった**大塚信一**さんも、僕が本を出すと手紙をくれて褒めてくれました。

かなり後になって、岩波書店から**『正義論／自由論』**を出したときには、多木浩二、中村雄二郎はあまり評価してくれなかったんです。多木さんは「旦那芸だね」といったと人づてに聞きましたが、本格的な政治論になってないという意見だったんでしょうね。僕は笑って受け止めたんだけど、間に誰かが入って「土屋が怒っている」と多木さんに伝わって、多木さんは困っていたみたい。面白いね。多木さんはどちらかといえば、怖がられていたけれど、僕に対しては、そんなことはいっさいなかった。

それはそうなんです。いわゆる学問的な研究として正義論を語る用意もなかったし、**ジョン・ロールズ**を取り上げてはいるけれど、ロールズ論ではなくて、僕にとって面白いところしか書いていないから。僕にとってあれは一種のエッセイでしたし、学問を逸脱したところで書きたかったんですね。

多木浩二
たき・こうじ。一九二八—二〇一一。思想家・批評家。写真、絵画、建築、都市、記号、身体、ファッションなど、多様な芸術の領域を横断的に論じた。著書に『眼の隠喩』『シジフォスの笑い』。

大塚信一
おおつか・のぶかず。一九三九—。岩波書店元社長。多くのシリーズ、著作集を企画・編集、一九八四年には季刊誌『へるめす』の編集長も務めた。著書に『理想の出版を求めて』『火の神話学』。

『正義論／自由論』
岩波書店、一九九六／岩波現代文庫、二〇〇二。

ジョン・ロールズ
一九二一—二〇〇二。アメリカの哲学者。「正義」の根拠と正当性を論じ、倫理学、政治哲学の分野で大きな功績を残した。著書に『正義論』『万民の法』。

ところが、大塚信一さんが絶賛の手紙をくれたんです。「**福田歓一**以来の政治学をこれで変えてください」と書いてありました。それで中村雄二郎に「大塚さんから手紙もらいました」って言ったら、「見せてくれ」っていうんです。私信ですよ、それ（笑）。でも、見せてあげたら、その本については批判をしなくなりましたね。それくらい、大塚信一の影響力はすごかったんです。

もうひとり、英文学者の**富山太佳夫**からはいろんな本を教えてもらいましたね。彼は本当にたいへんな博識ですからね。たとえば『**ベンサムという男**』で取り上げたベンサムの同性愛論について教えてくれたのは富山です。それを教えてもらって、そこからまた自分なりにまた勉強していったんです。富山との縁も、まったく関係ないところから生まれてきました。まだ二人とも三〇代だったと思うけれど、記号論に関心があって、たぶん『現代思想』に書いた富山の文章に出てくる本が読みたくて洋書店の北沢書店で注文していたら、そこにたまたま富山がいて、店を出ると後ろから追っかけてきて、その本なら私が持っていますっていうんだ。当時は富山の顔を知らなかったから、びっくりしたけれど、そこから長い親交が始まる。本当にあんな博識というか、本当の学者は日本にそんなにいないな。

福田歓一
一九二三—二〇〇七。政治学者。近代政治思想の根本原理を追究し、積極的に民主主義の可能性を論じた。著書に『近代の政治思想』『国家・民族・権力』。

富山太佳夫
とみやま・たかお。一九四七—　。英文学者。ヴィクトリア朝小説を中心とした英文学および文化研究が専門だが、文学理論や現代思想、歴史研究にも造詣が深い。著書に『シャーロック・ホームズの世紀末』『書物の未来へ』。

『ベンサムという男』
青土社、一九九三／『怪物ベンサム』（改題）講談社学術文庫、二〇一二。

富山がいなかったら、僕のベンサム研究はつまらないものになっていたでしょうね。

　でもいちばん大きな影響を受けたのは、演劇評論家で演劇史家である、**渡辺保**ですね。僕より年上であるので、朝日新聞の**扇田昭彦**がやっていた演劇懇話会で知り合ってから現在まで、変わることなく目標であり指針でした。『新劇』に文章を発表してから注目もされて、編集者であった**畠山繁**さんが大学院に来て、懇話会に出ないかと言ってくれた。畠山さんは奇蹟のような人でしたね。こんなに優しい人に今に至るまで会ったことがない。早くに亡くなってしまったけれど、最後まで優しかった。

　扇田昭彦は東大出身の朝日新聞の演劇記者で、アングラ演劇のパトロンとしてひとつの時代を作った人だったけれど、面白いことに、ときどき僕にしかわからないところで、僕に蹴りを入れていたな。僕のような異質な者には上から目線でしたね。左翼にありがちなことだから、べつだん気にもとめなかったけれど。

　渡辺さんは歌舞伎のことはなんでも教えてくれましたね。**『元禄俳優伝』**を書いたときも、間違いを全部直してくれた。**三浦雅士**に「渡辺保になりたいんじゃないか」といわれたことがあったけれど、それは無理なんで。

渡辺保
わたなべ・たもつ。一九三六―　。歌舞伎研究・批評家。古典から近代劇まで、演劇全般にわたる研究・著作がある。著書に『忠臣蔵』『黙阿弥の明治維新』。

扇田昭彦
せんだ・あきひこ。一九四〇―二〇一五。演劇評論家。朝日新聞の演劇記者として長く活動、一九六〇年代以降の小劇場運動を積極的に紹介し続けた。著書に『日本の現代演劇』『唐十郎の劇世界』。

畠山繁
はたけやま・しげる。一九三八―九五。編集者・俳優。一九六八～七三年、白水社の演劇雑誌『新劇』の編集長を務め、小劇場運動と連動する誌面づくりで反響を呼んだ。一九八〇年代末からは俳優に転じた。

『元禄俳優伝』
岩波書店、一九九一／岩波現代文庫、二〇〇四。

なによりも保さんは勤勉なんですね。僕はものぐさで、持続してひとつのことをやることができない。そこが渡辺保のすごさです。しかも、書くことのなかでなにかを必ず発見して、それを言葉にできる。今に至るまで、四〇年間ずっと指針でした。

ですから、僕にとっての学校は、明治大学の中にあったんじゃなくて、その外側にあったといえます。その外側のいろいろなネットワークの中で勉強していったんです。そのことには本当に僕は感謝してるし、それがなかったら今のようなかたちでものを書いていることはありませんでしたね。

三浦雅士
みうら・まさし。一九四六— 。編集者、批評家。『ユリイカ』『現代思想』の編集長を務め、文学、思想、ダンスなど、幅広い批評活動を行う。『私という現象』『青春の終焉』。

流動性のある大学を

――最初に「自学自習」というお話をされて、次に明治大学という枠組みを越えて学ばれたというお話でしたが、大学をマネージメントする立場に立ったときに、それらはどう生きていくのでしょうか。

だから、「大学の外に出てほしい」と教員にはいっているんです。学生もそうです。外側に出て、また戻ってくればいい。そういう内側と外側との流動性を大学の中に作りだすことが、これからの大学の姿です。ずっと明治大学にいるんじゃなくて、たとえば一年間はシンガポール国立大学に行き、あと一年間はアメリカのどこそこに行き、最後の四年目に就職があるから戻ってきて就活する、といったようなことが、いま世界の中の大学としてのあるべき姿だと思います。

その自由な流動性を生かすためには、学生もやっぱり英語ができなきゃダメですし、なおかつもうひとつかふたつ違う言語を学んでみてほしい。そういう流動性のある、いわばノマド化した大学、あるいはノマド化した学生たちを作り出すことが本当の意味でのグローバルだと思います。いま「グローバル」というと、どうしても経済的な側面だけが強調されますが、「グローバル」じゃなく、むしろ「地球」といった方がいい。「地球人材」という意味では、地球というひとつの球体の上を常に移動しながら、大学四年間を過ごすにしても、最初の一年間くらいはイニシエーションとしてひとつの大学に入り、後は違う大学に行ってもいい、あるいは行った方がいい。そういう流動性のある大学像を描いていくことが大事だと思う。

学生ひとりひとりが一種の遊牧民として世界をきちんと回って、もう一回明治大学に戻ってきて、会社に就職する、という常に移動する中での暫定的なキャンプの場所としての大学があるだけなんですよ。大学とはいわばキャンプであって、決して定住するところではありません。

教員たち自身も、ここをキャンプだと思ってほしいんです。自分たち自身も、そうやって外に出ていくことをしなければいけない。大学のことを「キャンパス」というけれど、「キャンパス」と「キャンプ」は、もともと「野営地」という同じ言葉から来ています。外に出ていくことが、あるいは外に出てきたことが前提であって、自分自身が世界を移動し、遊牧する中でどうやって経験を積んでいくかが大事なんです。

それは、先にお話しした僕自身の体験からそういえるんです。僕自身は明治大学にいたけれど、明治大学ですべてを学んだわけじゃない。大学の外側にいる人間と接点をもつことによって、そこから学び、助けてもらい、あるいは支えてもらったわけです。その経験からすると、やはり外側が大事だということになるんです。

僕自身も、「学長なんです」と学長室に籠もっていたら、それは大学にとってよくない。大学を強くすることはできません。外側にも足場があって、そこここで常に連携をとりながらやっていく。自分の中でも大学そのものを変えていかないとダメだと思っています。

「橋の会」をマネジメントする

――「橋の会」を始められたきっかけは、何だったんですか。

第1章でもお話しした観世寿夫さんが五三歳で亡くなったときに、寿夫さんのプロデュースをやっていた**萩原達子**さんが、僕と松岡心平と、後に水戸芸術館の演劇芸術監督になった**松本小四郎**と、ロシア演劇研究者の鴻英良、この四人に声をかけてくださったことがきっかけですね。

鴻さんはすぐやめましたが、この経緯にはちょっと興味深いところがあるんです。というのは、彼がやめた理由はよくわかるから。鴻さんはロシア文学者として非常に優秀な人だし、演劇評論家としても大活躍していますね。要は、自分がやりたかった演出をすればいいと思っていたろうし、いわゆる興行団体としてやることに魅力を感じなかったんじゃないかな。

僕はむしろプロデューサーとして興行を成功させることに興味がありました。能という芸術に客を呼び、スポンサーをつけ、そして新しい試みを行って能の可能性を広げていくことの方にね。だから、鴻さんとは立場が

萩原達子
おぎはら・たつこ。一九三四―二〇〇七。能楽プロデューサー。国内外を問わずあらゆる種類の能・狂言公演を手がけた。

松本小四郎
まつもと・こしろう。一九四七―二〇一三。演劇批評家。一九九〇年より、水戸芸術館演劇部門芸術監督を務めた。著書に『劇作家の死を超えて』。

違っちゃったんですね。鴻さんは金がないなら解散すればいい、という立場だった。僕はないなら企業から集めればいいと思っていた。鴻さんはそれに反対だったな。

当時の明治の同僚の栗本慎一郎さんが、カルビーの**松尾聰**さんという社長を紹介してくれました。会ってみたら、松尾さんはこういうんです。カルビーがお金を出すのは簡単だけど、そうじゃなくて関連している会社を三〇社くらい集めて、負担させればいい。年間会費が一社が三〇万くらいだったら、三〇社でだいたい九〇〇万くらい。それにカルビーからの後援料を入れて、それで運営しようということになりました。

だから、「橋の会」は、能の団体としてはきわめて恵まれた体制だったんです。こんな会は当時も今もありません。きちんとスポンサーがいて、年間二〇〇〇万くらいは出してくれる。それで全部をまかなうわけではありませんが、幸いお客さんもついてくれました。

僕がやり始めたのは三四歳のころですが、それから五〜六年たったころにバブル期になり、それにうまくタイミングも合ったおかげで、お客さんも呼べるようになりました。そのとき僕の頭の中にあった計算は、年三〜四回の公演をやって、一回に六〇〇人集めればいい、というものでした。

松尾聰
まつお・さとし。一九三五―　。カルビー株式会社第二代社長。創業者松尾孝の長男。

もちろんふつうの能の公演には六〇〇人も集まらないんですよ。でも、六〇〇人集まらないって、おかしいでしょ？　能は、これだけの歴史がある素晴らしい芸術なのに。

集客についてはあれこれ考えましたね。たとえば、六本木にノマドという**伊東豊雄**が設計したカフェがありました。そこを壊すことになったので、壊してしまう前に何かやらないかという話が来たんですね。

実は、それはもともと壊すことを前提にした仮設建築でした。当時の伊東豊雄の思想は、建設は仮設でいい、何百年もそこにあるということは考えなくていい、一〇年そこにあればいい、というものでした。いわば仮設の思想で、まさにノマドですよね。遊牧民がテーマのお店ですから、パオのような壁がありました。多木浩二さんがこの企画に参加してくれて、伊東豊雄、多木浩二、そして僕の三人でやりました。多木さんは当時伊東豊雄さんのパトロンでしたね。

このときに、初めて僕はあるマーケットを意識しました。ここなら客を呼べると。宣伝こそ打ちませんでしたが、新聞に「能 in Roppongi」という記事を出してもらいました。そうしたら、ほぼ二～三日でチケットが完売。六本木のカフェで能をやるというコンセプトが当たったんですね。そ

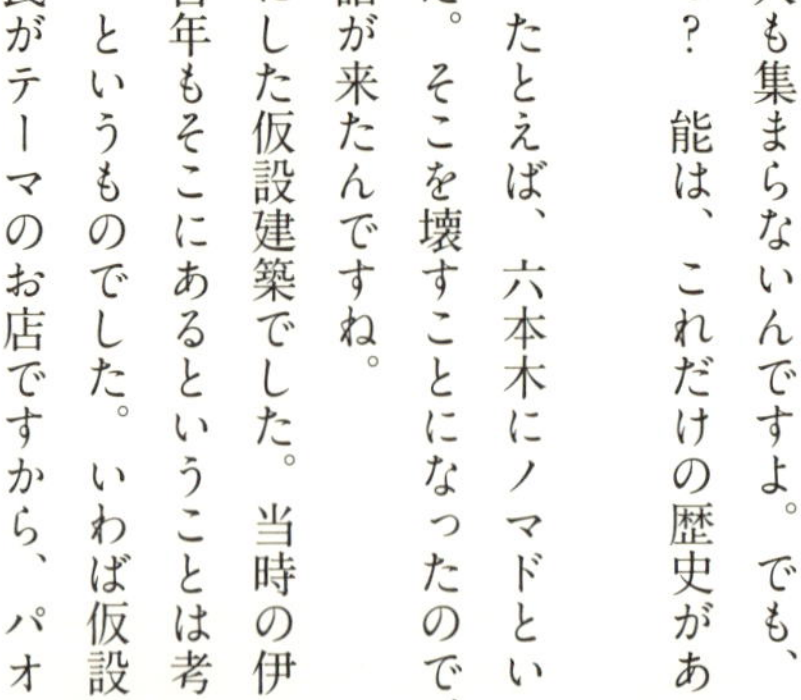

左より、土屋惠一郎、多木浩二、伊東豊雄。
写真＝Jun'ichi Ohno

伊東豊雄
いとう・とよお。一九四一―　。建築家。七〇年代には内向的な住宅を志向したが、八〇年代以降は新しい身体感覚に対応する空間を追求し、皮膜のデザインを強調した。著書に『風の変様体』『透層する建築』。

れまで能なんかと無縁だった場所で能をやる。そうすると、何が起こるかわからない。すると、若い人がチケットを買ってくれるんです。それで僕は自信がつきましたね。

次に僕は、お客さんに対して送るチラシに、その人個人に宛てたようなかたちで手紙を書くようにしました。すると、それからお客さんが定着するようになったんです。それからはもうほぼ毎回完売です。「橋の会」のチケットは手に入らない、という噂が立つくらいになりました。

1987年7月7日、「能 in Roppongi」『伊東豊雄の建築と能』、ノマド　写真＝ Akira Nakamura

環境を変える、異物を混入する

それからは、いろいろな場所で能をやるようになりました。たとえば**厳島神社**の能舞台。実をいえば、厳島神社ではそれまでも能はやっていたんです、ただし昼間に。夜はやっていなかったので、僕は夜にそれをやろうと考えました。台も組んで、照明も据えて、舞台をしつらえました。さらにＮＨＫが公演の様子を衛星中継してくれることになりました。また、それまでの厳島神社では有料公演をやってなかったんですが、その夜は有料で二万円としました。それでも売り切れです。だって、これまでそんなことやってなかったんだから。このときもアヴィニョンの公演のときも、ＮＨＫで衛星中継をやってもらったんですが、今は世田谷パブリックシアター館長の**永井多恵子**さんが支えてくれました。アナウンサーでもあり、ＮＨＫ副会長にもなった人です。僕は好きだったな。美人ですしね。今も好きだな。

公演の内容はやっぱりショッキングだったと思います。僕もショックでした。「あ、こういうふうに見えるのか」と。それが素晴らしいんですよ。

厳島神社
いつくしまじんじゃ。広島県廿日市市の厳島にある元官幣中社。社殿の大半は潮干潟の上に建てられ、満潮時には海中に浮かんだ姿となる。

永井多恵子
一九三八―　。公益財団法人せたがや文化財団理事長、元ＮＨＫ役職員（アナウンサー、解説委員、副会長を歴任）。

厳島神社の能舞台は、下に杭を打ち込んでいないんです。置いてあるだけなので、波が入ってくると浮くんです。瀬戸内海なので、大きな波は来ませんから、波の上に置いてあるだけのものが浮かんでも、ひとまず安定している。しかし、舞台に寄せてくる波の音がシャワシャワと微かに聞こえてくるんですね。そして、夜の闇の中、ライティングで厳島の鳥居とかが全部浮き上がってくる……という環境の中で能をやったんです。それはやっぱりすごかったですね。プロデューサーとしての僕の仕事の頂点のひとつはそれですね。

その後、**友枝昭世**さんっていう今の名人が、自分の会を毎年秋の夜にやるようになりましたね。僕はそういう「こうやってみれば能の舞台はできますよ」というコロンブスの卵を立て続けてきたんですよ。

草月流の**勅使河原宏**さんと一緒に草月会館でやっていた「花と能の宴」もそうですね。つまり、生花と能を組み合わせるというものですが、これは客が集まった。

華道は、能とほぼ同時代に室町期に出てくるんです。お茶なんかもあの時代ですね。そして、能の中でも立花供養っていう、立花を立てて能を舞うものがあるんです。それで、勅使河原宏が花で舞台を作って、そこで能

友枝昭世
ともえだ・あきよ。一九四〇―　。能楽師。二〇〇八年、人間国宝認定。

勅使河原宏
てしがわら・ひろし。一九二七―二〇〇一。華道家、映画監督。華道、映画、能やオペラの演出など、多くの分野で創作活動を展開した。映画作品に『砂の女』『利休』。

友枝昭世、「湯谷」、2002 年 3 月 8 日、オーチャードホール。 写真＝宮内勝

1986年7月9日　第1回「花と能の宴」 半蔀（立花供養）
八世観世銕之丞、生け花＝勅使河原宏、写真＝ Tatsuo Yoshikoshi

を舞うって試みをやったんです。これはかなりの回数やって、草月会館のほかに、宝生《ほうしょう》能楽堂、オーチャードホールでもやりましたね。

それまでは能がひとつの完結したドラマであったのが、そこに異物が入ってくるわけです。必ずしも能の作品とその花は関係ないんですが、そこに異物が入ってくると、能が全然違うかたちで見えるんですよ。始まりと終わりがある完結したものが壊れるから、壊れた中で物語の世界が外側に拡張していくんです。

たとえば、「定家」という演目があって、これはフィクションでしょうが、**藤原定家**と**式子内親王**の伝説的な恋のスキャンダルがあって、それを能にしたものなんです。式子内親王の墓の周りを定家葛《ていかかずら》という植物がまとわりついて、定家が式子内親王を苦しめているんですね。後の方になると、墓の作り物から式子内親王が、いわば緊縛状態の苦しみに悶えながら出てきます。

もちろんふつうの能では定家葛なんか使わないんですけど、「花と能の宴」では、勅使河原さんに定家葛を草月会館の舞台一面と上の方に飾ってもらいました。植物って、そこに置いて時間がたつと、花が散ってくるんですよ。舞台の進行とともに定家葛の白い花が散ってくるわけ。それがも

藤原定家
一一六二—一二四一。歌人・歌学者。『新古今和歌集』『新勅撰和歌集』を撰した。日本の代表的な歌道の宗匠として、尊敬を集めてきた。

式子内親王
しょくし/しきしないしんのう。一一五三頃—一二〇一。新三十六歌仙、女房三十六歌仙のひとり。

のすごく美しかった。僕は二階から観てたんですが、草月会館側のプロデューサーと二人で心底感動しました。こんなに綺麗なのかと。その中で能が舞われている。もうふだん能楽堂で観てる能とは、全然違うんですよ。もっと野生的な、野の中で舞われている能になっているんです。しかも、美しい。

僕たちがアヴィニョンの演劇祭に能をもっていったときも、アヴィニョンの演劇祭で勅使河原さんとやりました。**ピーター・ブルック**が『**マハーバーラタ**』という有名な芝居をやった石切場があって、そこで能をやったんです。**野村萬斎**がまだ二〇代、萬斎になったばかりのころで、彼がロンドンに留学する前の年にやってもらいました。

しかし、これは大失敗でした。自分で観てても、ああ、これは失敗だなと思いました。要は新作をやったわけですが、いろいろな仕掛けが多すぎて、観ている側にはなんだかわからなかったと思うんです。なにせフランスですからね。日本でやったってわかってもらえたかどうか。ふつうの能も一緒にやったので、そっちはある程度わかったと思いますが。観た日本人の一部からは「国辱もの」っていわれましたね。

でも、僕はそれはそれでよかったと思ってるんです。お金もものすごく

ピーター・ブルック
一九二五— 。イギリスの演出家。演劇を根源的に捉え直しつつ、シェイクスピアを中心に、国際的な演劇活動を続ける。著書に『なにもない空間』『殻を破る』。

『マハーバーラタ』
古代インドの宗教的・神話的叙事詩。ヒンドゥー教の聖典のうちでももっとも重視されるもののひとつ。ピーター・ブルックの演出による版は、上演に9時間を要する。

野村萬斎(二代)
一九六六— 。能楽師狂言方、俳優。狂言のみならず、TV、映画、舞台など多方面で活躍している。著書に『狂言サイボーグ』『MANSAI◎解体新書』。

かかりましたよ、一週間公演で二億円くらい。勅使河原さんの植物のインスタレーションに金がかかったんです。そのときは竹を使ったんですね。竹はフランスにもあって、竹自体は安いんだけど、それを組み立てるのに日本の職人を連れていきましたからね、ものすごく金がかかっちゃったんです。でも、お客さんはたくさん集まったんですよ。

能の興行をどう成立させるか

僕は、能というものを、閉ざされた世界じゃなくて、異質なものを入れながら広げていきたいんです。能自体にはそれを受け入れるキャパシティはあるわけだから。歌舞伎と違って様式的な芸術だから、何を入れてもビクともしないんです。

僕は、プロデューサーなので、自分自身では何も作っていません。いろんなものを集めてきて、こうやるとこうなるよ、ということをやっているだけです。やってる身としては、それほど過激なことはしていないつもりなんです。ある意味、保守的なんです。

ただ、僕はどうやって能の興行を成立させるかにはこだわっている。みんな能は興行にならないって思っていますが、その通念を打ち破りたい。一言でいうと、僕はペイしたい。

だから、僕は最終的にはオーチャードホールで毎年一回、二〇〇〇人の前で能をやることを目指しました。オペラは同じくらいの規模でしょう。同じように、能が二〇〇〇人の前でやれるように作りたい。それで朝日新

1994年7月　アヴィニョン演劇祭「花と能の宴」野村萬斎　総合演出＝勅使河原宏　写真＝Akira Nakamura

聞と一緒に、四～五回やったかな。それが自分の興行師としてのある種の完成形でしたね。そこでも「花と能の宴」をやりました。

あと、プロデューサーとして思い出深いのは、**野村万作**さんの芸能生活六〇周年記念の会のときですね。これは歌舞伎座で二回公演をやりました。歌舞伎座で能をやるのもひとつの目標でしたが、そのときは、能には歌舞伎座でやっても通用する力があるということがはっきりわかりましたね。

それはやっぱり研究者や単なるファンではできないことなんですよ、プロデューサーじゃなければ。プロデューサーとしての実績の中で、能のある可能性を直に感じられた経験は、本当に大きかったですね。

それで、室町時代から能がどうやってマーケットを意識してきたのか、自分なりによくわかったんですよ。世阿弥はプロデューサーだったんです。興行師だったんですよ。純粋芸術家じゃないんです。どうやって能を伝え、能という芸術の人気を落とさないかを考える興行師なのであって、そこに世阿弥の魅力もあったし、自分が世阿弥のことを書いたときも、「マーケットを前にした芸術家」という視点から書けたんです。

――土屋先生のお仕事は、能の世界からはどう評価されたんでしょうか。

野村万作（二世）
一九三一―　。能楽師狂言方。人間国宝。戦後間もなくから狂言の普及に努め、広い支持を集めた。

能の世界の反応は拒否でもなんでもなくて、「何かやってるの？」っていう具合ですよ。最初は観世流分家の「**銕仙会**」とやりましたが、これは非常に限定されたものでした。僕自身は「これはたいへんなことになるかもしれないな」と思いながらやっていましたけどね。

能楽師って、個人営業なんですよ。いちおう観世流とか何とかいいますけど、「銕仙会」は分家で、何も言われませんから個人営業です。「橋の会」としては、個人との関係の中でやっていましたから、自由でしたね。能界から何かいわれるようなことはありませんでしたよ、まぁ陰ではいってたかもしれないけど。

ただ、僕のいわば庇護者にあたる方はいました。**亀井忠雄**さんという人間国宝の鼓打ちがいて、この人は能界全体に睨みが効くんですが、この人が僕のボスなんです。そう思ってずっとつきあってきました。亀井さんは「いつから土屋が俺のそばにいたか、よくわからないんだよな」といってますけどね。

つまり、何かことあるごとに亀井忠雄に仕事をお願いするわけです。そうするとだいたい、能界の話はまとまるんです。今でも亀井忠雄は僕のことを非常に可愛がってくれますし、身内同様に可愛がってくれますが、そ

「銕仙会」 てっせんかい。観世銕之丞（てつのじょう）家を中心とした演能団体。

亀井忠雄 一九四一—　。能楽師大鼓方。人間国宝。スケールの大きな演奏で高い評価を得る。

れは長年の信頼を勝ち得たからですね。だから、能界からは何かいわれるってことはほとんどありませんでした。

能をアヴィニョンでやるとか、カフェでやるとかといったことは、能にとっては冒険なんですが、それをあれこれいう人はいませんでした。そういう何か新しいことをやるときは、まず亀井忠雄さんに頼むんですよ(笑)。

石牟礼道子「不知火」

亀井さんと一緒ということでは、僕が一番思い出深いのは、**石牟礼道子**さんの「不知火」という能を水俣でやったことでした。

これも石牟礼さんが能を作りたいって話を直接聞いたわけではありません。「水俣の会」をやっていた社会学者の**栗原彬**さんが、「石牟礼道子さんが能を書きたがってる」と教えてくれたんです。「自分でも夜起きて、舞ってるんだよ」というんですね。石牟礼さんって、要するに、お巫女さんなんですよ。それで「ぜひ能を作りたい」といっている、と。水俣の死んでいった動物や、死んでいった人たちの魂を鎮めるためには、もう言葉とか祈りではダメなんだ、やっぱり音楽が必要なんだというんですね。それで石牟礼さんと会うことになりました。

石牟礼道子と初めて会ったときに面白かったのは、石牟礼さんと話をしていると、石牟礼さんが道ばたで立ち止まって動かないんです。二人で立ち止まって、顔を近づけてずーっと話していました。初対面でしたからね。不思議な気がした。でも、これでみんな石牟礼さんにやられちゃうんです

石牟礼道子
いしむれ・みちこ。一九二七―　。小説家。一九六八年に水俣病市民会議を結成、『苦海浄土』で患者の代弁者として水俣病を描く。著書に『流民の都』『はにかみの国』。

栗原彬
くりはら・あきら。一九三六―　。社会学者。水俣フォーラム代表および日本ボランティア学会代表。著書に『管理社会と民衆理性』『「存在の現れ」の政治』。

ね。僕もそうです。すっかり石牟礼道子によりそってしまった（笑）。石牟礼さんのお世話をしていた**渡辺京二**さんがいってましたよ。「石牟礼道子が若いころの話だけど、石牟礼と会うと男どもがみんな「結婚したい」っていいだすんだよ。本当に困ったもんだ」って（笑）。

石牟礼さんと最初に会ったときは、これは**梅若六郎**（玄祥）さんにやってもらおうと思っていましたから、まず梅若六郎の能を観てもらいました。新作で石牟礼道子の能をやろうと思ったら、ふつうみんなが考えるのは、こちらの言うことを聞いてくれるような若手を集めて、ひとまずやっちゃおうということだと思うんですね。

ところが、石牟礼さんと話をしてわかったのは、石牟礼さんはその能を「水俣でやりたい」というんです。「でも、熊本でやるためには、東京で成功しないとできない」。しかも、僕は後でびっくりすることになるんだけど、実は、石牟礼道子は水俣市で**水俣病**について公に語ったことはそれまでなかったんです。語れなかった。水俣病なんて名前をつけられたから嫌がられるし、あそこはチッソの城下町だから、周りはチッソの社員ばかりなんです。だから、水俣市内の公民館で語る、みたいなことは石牟礼さんは一度もやっていなかったんです。あれだけ日本中騒がれてきたのに、実

渡辺京二
一九三〇―　。思想史家・歴史家・評論家。著書に『逝きし世の面影』『黒船前夜』。石牟礼道子とは、編集者時代からの付き合いがあり、夕食を作りに通う間柄。

梅若六郎
うめわか・ろくろう。シテ方観世流の一派、梅若家の当主が用いる名で、当代までで五六世に及ぶ。当代は一九四八―　。

水俣病
有機水銀による中毒症。中枢神経が冒され、手足のしびれ、言語障害、目や耳の機能喪失を起こし、重症では死亡することもある。チッソ水俣工場（熊本県水俣市）が不知火海に流した廃水のメチル水銀が原因で生じた公害病。

は水俣市内では話をしたことがなかった。

水俣でそれをやるためには、石牟礼さんは権威が必要だったんです、能という権威が。その事情はよくわかったので、僕は人間国宝を全部集めることにしました。そのときに最初に話を持ちかけたのが、やはり亀井忠雄だったわけです。

亀井忠雄は水俣病も関係ないし、事情も知りません。土屋が頼みに来たから、「わかった、じゃあやろう」ということなんです。それで、梅若六郎さんにもお願いしました。とにかく、亀井忠雄がいうんだから、それは全員逆らいません。鼓も笛も家元クラスを集めてやることになりました。

まず二〇〇二年に東京の宝生能楽堂と国立能楽堂でやって、翌年に熊本、その翌年の二〇〇四年に水俣湾でやりましたね。そういう顔ぶれだと、熊本市民にしたって水俣市民にしたって、まるっきり知らない人ではないわけです、みんな人間国宝や家元ですから。

そのとき初めて石牟礼さんは、僕と一緒に水俣の公民館で水俣についての講演をやりました。そのときに石牟礼さんが「土屋さん、地元で水俣について話すの、これが初めてなんです」というので、僕もびっくりしましたよ。

能は、水俣湾でやりました。お客さんは二〇〇〇人くらい集まったかな。ほとんどが水俣市民ですよ。始める前に、水俣病の代表であった**緒方正人**さんと、水俣病の語り部といわれる**杉本栄子**さんが、それぞれ黒紋付、留め袖の正装で出てきて、舞台にお神酒《みき》をかける儀式をやりました。

そのとき僕ははっきりわかりましたが、これが水俣市内で水俣病が公認された象徴的な場面だったんです。それまで市内では排除されていたものを、人間国宝や家元たちが能として上演し、それをＮＨＫが衛星放送で放送してくれて、そういうふうにしなければ、水俣病を水俣の中で受け入れさせることはできなかったんです。石牟礼さんはそこまで意識していましたね。

——それは完全に能の祭儀としての力ですね。

そうなんだよ。あれが水俣の転機だったと思う。水俣における水俣病の運動の転機ですね。

でも、面白いのは、後にオーチャードホールでもその能をやったんですが、僕が聞き役で石牟礼さんのトークが行われたときに、石牟礼さん、

緒方正人
一九五三— 。幼時に水俣病を発症、水俣病の未認定患者の認定を求める運動の急先鋒に立つ。著書に『常世の舟を漕ぎて』『チッソは私であった』。

杉本栄子
すぎもと・えいこ。一九三八—二〇〇八。漁業を営みながら、語り部として水俣病の経験を伝える活動を行った。

「あんなんじゃ救われませんけどね」っていってたよ（笑）。それはそうなんだけどさ。僕に頼むときは、これで救われるといっていたのに。面白いね。

そういえば、僕は石牟礼さんのお世話役だった渡辺京二さんのファンで、あんなに気持ちのいい人はいないと思います。今まで会った中で一番素敵な人だね。石牟礼さんの家に行く楽しみは、渡辺京二が作る手料理を食べることでもありました。渡辺さんの方も、僕のことをすごく気に入ってくれて、『ベンサムという男』が文庫になったときに解説をお願いしました。「解説は得意だ」っていうのでお願いしたら、とてもいい解説を書いてくれました。能を通していろんな出会いがありましたね。渡辺京二に惚れています。でも、この五年ほど会ってないな。京二さんがブレイクしちゃって、なんだかかえって行きづらくなっちゃった。

プロデューサーとしての学長

僕にとっては、プロデュースは片手間ではありません。それ自身、僕にとってはメインだったし、それが作品であったしね。大学の学部長をやっているときも、やはりプロデューサーだと思ってやっていましたから、そこでやっていることは作品だということははっきり意識していました。大学という場所のプロデューサーですから。これからも、お金を集めなくてはいけない。それから教員を集めて、大学という舞台で素晴らしいパフォーマンスをやってもらう。

だから、単に座って学長職としてやるだけではなくて、金集めをして、教員に研究をしてもらう。いわばパフォーマンスをやる教員を支え金を集めるのが仕事ですよね。それができないとやってても意味ないと思う。自分は能のプロデューサーであり、大学のプロデューサーでもあると思ってるんです。

――「橋の会」は、結局何年やられたことになりますか。

二四年やって、やめました。まず、ひとつはマンネリになってきたから。偉大なるマンネリもあるけれど、やっている側からすると、やはりエネルギーを感じなくなるんですよ。それで、もう潮時だなと思って。

ただ、その後もプロデュースをやめたわけではなくて、観世の家元を中心とした「**観世清和**の会」や、野村萬斎、亀井忠雄の息子の**亀井広忠**、**一噌幸宏**、という三人の会「能楽現在形」をプロデュースしたりはしていますね。まあ、でも今の若い人たちは自分でプロデュースしたいでしょうからね……。

「橋の会」でやったことが、今の能でいろんなことをやっている人たちの雛形になっているなという気はします。ただ、見ているとだいたい僕がやっていたことを繰り返し反復しているように思えてしまう。それもやっぱり嫌でしたね。一種の定番になる力はあったことがわかったのはよかったけれど、同じことをやっているという状態が自分では嫌だったので、二四年でやめてよかったと思っています。

「橋の会」は、僕がプロデューサーという絶対の権限でやっていました。お金をスポンサーからもらってくる分、ほぼいうことも聞いてもらえる立場でした。だから、プロデューサーとしては面白かった。能楽の中にいる

観世清和
かんぜ・きよかず。一九五九―　。能楽師。二十六世観世宗家で当代。観世元正の長男。海外公演も多数行っている。著書に『一期初心』『観世流舞囃子形付』。

亀井広忠
一九七四―　。能楽師大鼓方。囃子だけでなく、子方などでも数々の舞台を務める。海外公演も多い。

一噌幸宏
いっそ・ゆきひろ。一九七四―　。能楽師笛方。古典舞台を務める傍ら、笛の新しい可能性を追求する。内外のさまざまなジャンルのアーティストとの共演も積極的に行う。

人の考えだと、どうしても周りを気にしてしまう。僕は能界の政治みたいなものをいっさい無視して二三年間やってきたので、それをやりたいんだったら僕はちょっと違うな、と思いましたね。だから、もうやめようと思ったんです。

「橋の会」は、さっきもいった亀井忠雄との連携がなかったらできなかったでしょうね。そういう会は珍しいんですよ。ふつうだったらシテ方と連携することを考えるでしょうけど、僕は囃子方と組んできた。ただ、「橋の会」の舞台に出てる囃子方は、実は少ないんですよ。つまり、限定されてるんです。そのときの僕の目で見て耳で聴いて、一番いいと思う人しか出さなかったから。だから、出てない能楽師の人はいっぱいいます。能楽師自体が主催すると、義理があるからどうしてもまんべんなくやるようになってしまう。ところが、僕はいっさい義理がないですからね。ですから、「橋の会」で大鼓を打ったのは、二三年の歴史の中でほぼ二人しかいないんですよ。**柿原崇志**と亀井忠雄、この二人だけでした。それを見て、土屋はなんだ、という人もいたかもしれませんが。

能界はある意味リベラルで、要は個人営業だからそれを締めつけて排除することはできなかったんです。それなりに喧嘩もしたけど、でも協力は

柿原崇志
かきはら・たかし。一九四〇―　。能楽師大鼓方。一九七二年度芸術選奨文部大臣新人賞受賞。

してくれました。絶対生意気だと思われていたはずですけどね。

しかし、二四年は長かったですよ、三〇代半ばから五〇代前半ぐらいまでやっていたわけですから。それから大学の行政に入って、学部長や教務理事を務めるようになりました。ですから、大学行政は僕のプロデュース事業の延長なんです。

結局こちらが企んでやったことはひとつもないんです。たまたまそうなった、ということばかりなんです。たとえば、石牟礼さんの能にしても、たまたま僕が栗原彬を知ってて、彬さんが僕にたまたまささやいてくれたから、「じゃあ、やろうか」ということになっただけで。みんなたまたまですよ。たまたま今、観世清和という家元のそばにいると、たまたま銀座に観世能楽堂という新しい試みもできる、ということになるんです。

だから本当に、どうやってそのたまたまのチャンスを生かしていくかということしかないんですよね。なにも企んで観世流家元のそばにいるわけではない。清和さんの能が素晴らしくて、それがきっかけですからね。

――そのチャンスがめぐってきたときに、球をきちんと打ち返せるようにしておくということですね。

そうそう、それしかないもの。どう企んだって、こちらの考えだけではできないんですよ。だから生きてることは面白いんだと思うよ。何があるかわからないからね。その偶然性の豊かさこそ生きる喜びです。

第4章

知の体系を作りかえるために

土屋恵一郎×中沢新一

大学解体が叫ばれた時代に

——能をめぐる対談から始まった本書ですが、さまざまな話題を経た後に、知や学のあり方というテーマがお二人の共通の関心として浮かび上がってきました。この最後の章では、大学と教育についてお話をお聞かせいただければと思います。

中沢　僕も土屋さんも同じ時代体験をしています。六〇～七〇年代って、戦後の大学教育が強い批判にさらされて解体に陥って、僕らはそれを目の前で見ていました。そのころ僕らは学問を始めたのですけど、長いこと教育のことは考えないようにしていたんじゃないかな。

土屋　確かに「教育とはなにか」というようには考えなかったね。でも、講義をするのは好きだったな。うまかったとも思うし。研究者も放任主義で育った。お互い大学にもいて、もちろん教育もしていたわけですよね。僕は中沢さんが大学で教育するときに、どういうことを考えていたのかがすごく聞きたい。中沢新一が受けた教育がどうだったのか、自分が教える立場に立ったときに、教えるということについて何を考えていたのか。そもそも中沢さんの先生って誰なの？

中沢　先生は何人もいました。子供のころは、父親のまわりにいた人たちが先生でした。**僕の父親**は民俗学をやっていまして、その先生が**アーネスト・サトウ**の息子の**武田久吉**という方でした。日本山岳会の会長で高山植物を研究する著名な植物学者でもありました。バーミンガム大学で学んだ、ヨーロッパ人みたいな顔した人でした。僕はその人と山歩きをさせてもらいました。日本人の学問はどうあらねばいけないかということは、武田久吉さんからよく話を聞きましたね。

土屋　それは小学校のころ？

中沢　小学校から高校くらいまで。長いつきあいなんです。僕は理科系の学問が好きな学生で、大学も、京大のサル学に進もうと思ってたくらいなんです。

土屋　でも、東大ですよね。

中沢　落ちましたからね。激動の年に。

土屋　結局どこに行ったんでしたっけ？

中沢　一年間だけ早稲田にいて、社会学科に行きました。社会学とはまっ

僕の父親
中沢厚（なかざわ・あつし）。一九一四―八二。民俗学者。航空機の設計に携わった後、農業と政治活動と民間信仰の研究にあたる。民俗学においては、武田久吉に師事し、道祖神、つぶての研究にあたった。

アーネスト・サトウ
一八四三―一九二九。イギリスの外交官。計二五年にわたって日本に滞在し、イギリスにおける日本学の基礎を築いた。著書に『一外交官の見た明治維新』『明治日本旅行案内』。

武田久吉
たけだ・ひさよし。一八八三―一九七二。植物学者、登山家。アーネスト・サトウの息子。各地の山を登り高山植物の研究を行い、尾瀬の保護に努めたことから「尾瀬の父」と呼ばれる。著書に『尾瀬と鬼怒沼』『民俗と植物』。

たく性が合わないとつくづく思いました（苦笑）。こういう大学の学問がガタガタになっているときに、未来の学問が生まれるとしたら、社会学とは違うタイプの学問ができなきゃいけないと思っていました。そういう意味では、社会学はとてもよい反面教師となりました。

土屋　ダメだった理由は何ですか？

中沢　二一世紀に向かう人間の知性が変わっていかなければいけない方向性とは違うという直感です。しかし、社会学は全盛で、そのあと東大の宗教に入っても、やっぱり中心は社会学でした。基本的に宗教社会学で、**タルコット・パーソンズ**とか、ああいう系統の学問なんです。ダメだこりゃと思いましたね。

土屋　そのとき、他の方向へ導いてくれる人はいたわけですか？

中沢　柳川啓一さんは、タルコット・パーソンズの弟子筋ですが、僕のそういうところを理解してくれましたから、大学院まで行かせてくれました。他の教授たちはすごく反対して、中沢みたいなのは研究室を穢すとかいってらしたようです。でも、柳川先生が「まあ、ああいうのも置いといた方がいいよ」といってくれたので、首の皮一枚でつながったという話です。

タルコット・パーソンズ
一九〇二―七九。アメリカの社会学者。行為の一般理論、構造機能分析、社会体系論などと称される社会学の理論体系を構築し、多方面に影響を与えた。著書に『社会的行為の構造』『政治と社会構造』。

土屋　そのときの研究テーマは何だったんですか。

中沢　前回お話ししたセミオティックについてです。土屋さんが、ものを書いたり試行したりするときの基本にしたああいう考え方を、学問全体のベースにするとどうなるかと、本気で考えていました。そんなもの許せるか、というのが東大の先生たちでした。セミオティックとか欲動とか、そんなもので学問の基礎ができるか、といわれました。

僕も当時は若かったですから、そんな思想をうまく展開できるわけもないので、自分でも未完成品だなという修論を出しましたが、それでも柳川啓一先生だけは、面白いといってくれました。それでほかの先生方の猛反対を押しのけて僕は大学院まで行けて、それで研究を続けることができました。そのときは、大学っていいところだなと思いましたね。なにより朝の通勤電車に乗らないですむ（笑）。

土屋　（笑）

中沢　それはともかく、二一世紀の学問というか、未来の学問はどういう構造をとらなければいけないかということを、はっきりとした問題意識としてよく考えていました。そのとき構造主義がひとつの参考になりました。でも、これじゃちょっと固すぎてダメだな、とも思っていたんです。といって、ドゥルーズ＝ガタリまでいっちゃうと、日本語でやる学問としてはちょっと自由すぎるなと。ちゃんとした構造をもつ「機関」が必要だと考えていたんですね。オルガヌムを作らなきゃいけない。**フランシス・ベーコン**とかヴィーコとか、ああいうことをやらなきゃいけないとそのころ思っていましたし、今も思っています。

土屋　新機関ね。ノヴム・オルガヌム。

中沢　そうそう、それです。ベーコンの『**ノヴム・オルガヌム**』では、**アリストテレス**の機関を作りかえることが目標とされています。アリストテレスの演繹法による論理が、ベーコンの標的になっていて、帰納法による別種の論理機関を立てた。

僕はそのころから、アリストテレスの論理機関を作りかえるんだったら、学問の論理的な土台そのものを変えなければいけないと思っていました。それにはロゴスの三法則、つまり同一律、矛盾律、排中律を作りかえていかなきゃいけない、と。一九六〇年代の後半から起こった大学闘争の真の目的は、知の構造全体を変えていくことでした。そのためにはベーコンよりも大規模な機関の改革をやらなければいけない、そんな大それたことを考えていたんです。

フランシス・ベーコン
一五六一―一六二六。イギリスの哲学者、神学者、法学者。「知識は力なり」という格言で知られる。著書に『ノヴム・オルガヌム』『ニュー・アトランティス』。

『ノヴム・オルガヌム』
一六二〇年にイギリスの哲学者フランシス・ベーコンが発表した著作。帰納法についての哲学的な基礎を示そうとした。タイトルは、アリストテレスの『オルガノン』を意識したもの。

アリストテレス
紀元前三八四―三二二。古代ギリシアの哲学者。プラトンの弟子で、多岐にわたる自然研究の業績から「万学の祖」とも呼ばれる。著書に『自然学』『ニコマコス倫理学』。

ロゴスとレンマ

土屋　大学闘争のときは何をしてました？

中沢　僕らのときはもう終わってました。

土屋　そうか、終わってるか……。

中沢　残党はいっぱいいましたけどね。僕にとっては日本の大学闘争よりも、フランスで六八年に起こったことの方が大きかったですね。**ミシェル・フーコー**やジル・ドゥルーズ、あとは『**テル・ケル**』が素晴らしかった。そういう問題に関心をもっていたんです。そうこういっているうちに、構造主義とかにも限界を感じるようになって、すっかりいきづまってしまい、それでチベットに行きました。二九歳のときです。

僕はそこで**ケツン・サンポ**先生に出会いました。当時は、ヒッピーみたいなのがネパールやインドにはたくさんいて、チベット人に「法を教えてください」とかいってました。僕の先生はあまりそういうことに関心がなかったようです。僕が行って、弟子にしてくださいとお願いしたら、二～三カ月は掃除洗濯とか雑用みたいなことをやらされました。たぶんその間

ミシェル・フーコー
一九二六—一九八四。フランスの哲学者。構造主義の立場から、思想や知の認識論的研究に大きな業績をあげた。著書に『言葉と物』『知の考古学』。

テル・ケル
一九六〇年にフィリップ・ソレルスが創刊した文学雑誌。アラン・ロブ＝グリエ、ロラン・バルト、ジャック・デリダ、ジュリア・クリステヴァなどが寄稿し、ヌーヴォー・ロマンの主戦場として、また新しい理論や知の発表の媒体として展開された。八二年廃刊。

ケツン・サンポ
一九二〇—二〇〇九。ラマ僧。その生涯は、中沢新一『チベットの先生』にくわしい。

に僕の性格を見てたんでしょうね。けっこう語学の上達は早かった。
そうしたら「チベットの昔の学問のやり方で、そのまま勉強してみろ」といわれました。こういう古い学問のやり方は今になくなっちゃうので、それを一から教えるからそれをやってみようとおっしゃる。まさに自分の望んでいたことでした。

これはいいぞと思いましたね。僕ら戦後生まれだから、東洋の学問の素養がないんですね。漢文の素読も下手だし、中国哲学だってインド哲学だって体系としてはよく知らない。仏教学は細かすぎる専門に分かれてきた。ナーランダーなどでやられていた仏教の学問は知らないわけです。ところが、チベットにはナーランダー流の古い学問が残っていて、そのやり方にチベット・シャーマニズムがくっついたような思想の勉強をやっていました。その体系を一からやれといわれて、面白かったから夢中でやりました。まずは、世俗の論理とは違う論理を体得せよという。これこれ、求めていたのはまさにこれだよと思いました。

今になってみると、**山内得立**先生がよくいっていたロゴス＝世間的な知性とは異なる仏教のレンマ論理を学ばされたのだと思います。山内先生はレンマの論理を提唱されました。レンマの論理というのは、同一律と矛盾

山内得立
やまうち・とくりゅう。一八九〇―一九八二。哲学者。現象学、実存哲学などを研究。独創的な見地からの存在論や意味論の体系化で知られる。著書に『現象学叙説』『ロゴスとレンマ』。

律と排中律を排除して、新しい論理形態を土台にするのです。大学の特別講義で京大から来られた山内先生が語られることを聞いていたときは、これでもし全体系を作り上げていったら、どんなすごいことになるだろうと思っていましたが、チベット人はそれを実践していたんです。

それから、レンマによってものを考える訓練が続きました。龍樹の思考法を日常生活に徹底するわけです。お茶を飲んでいると、「おまえは何をしてる?」と質問してくる。茶碗からお茶を飲んでますと答えると、「茶碗というのは実在するのか」「お茶といってるけど、お茶の黄色というのは実在するのか」とか、いちいち聞かれる。訓練なんです。そのときの訓練で脳の組織がずいぶん作りかえられて二度と立ち直れないくらい、ロゴスは解体されました。

その後、レンマによる論理学はこうなります、レンマによる心理学はこうなります、と勉強していって、二年目くらいのときに初めて、身体を使ってそれを直接体得するレベルが始まりました。それが、けっこう早いんですよ、始めれば早くて、始める前が長いんですね、準備期間とイニシエーションが長いから。準備期間が長くて、始まれば一気呵成。

そのころ東洋の学問、特に仏教の学問は、アリストテレス的ロゴスじゃなくて、レンマという**ナーガルジュナ**の論理を基礎として、それで論理学やったり、心理学やったりしているんです。もしこれを現代科学の全領域に適用して作りかえていくことができたら、それこそ若いころから考えていた新しい知の形態が、フランシス・ベーコンの先を行く「新・新機関」のようなものが作れるんじゃないかな、ととてつもないことを考えるようになっていました（笑）。日本に帰ってきて、「さあやるぞ」と意気込んでいたら、ニューアカに巻き込まれちゃった。あのときはこれが資本主義というものかと、すごく考えさせられました。

ナーガルジュナ
インド最大の仏教学者「龍樹」のサンスクリット語による原名。インドの大乗仏教を確立した。著書に『中論』『廻諍論』。

知に身体性を与える

土屋　チベットに行ったときの中沢さんの体験は、**空海**が中国へ行って勉強したのに近いですか。

中沢　実をいうと、空海は日本で密教のことはほとんど勉強してあって、あとは認可を取りに行っただけのようです。空海はすごく頭がいいので、数カ月しか滞在していないんです。中国に行く前に、真言宗の何たるかはみんな把握していた。東大寺で勉強していましたが、そこにはインド人もいて、空海は彼らからサンスクリットも密教学も手ほどきを受けていました。

僕は空海ほどすごくないので（笑）、一から勉強しなきゃと真面目に考えていました。そうしたら、面白いことに、東洋の学問は真ん中が空洞みたいに開いていることがわかってきました。そこには論理を詰められないんです。論理を詰め込むことができない言語化不能の空洞を置いておいて、その周りに言語を組織している。その上で、一個一個の言語を、いつも無と照らし合わせながら意味づけしていくという学問だったんです。ところ

空海
七七四—八三五。真言宗の開祖。弘法大師。遣唐使として唐に渡り、多くの成果を持ち帰った。能書家として有名なほか、各地にさまざまの伝説を残していることでも知られる。

が、ヨーロッパで発達した学問は、ロゴスで充満している。穴がないんですね。そして、ロゴス自体が矛盾がないように、体系を作り上げている。

このままいったら人類は息苦しいことになるぞ、と思いましたね。ヨーロッパの無がない学問に対抗して、東洋の無の周りに意味を配置していく学問が必要だと思いました。柳田國男や折口信夫の学問は確かにそういうふうにできていたし、そういう学問は可能なんじゃないか。ただし、原理をきちんと作らなければいけない、と思いました。

日本に帰ってきて、そういうことを考えていたんですが、これに反応してくれたのが、**河合隼雄**さんでした。河合隼雄さんとは非常に親しくなりましたが、二人であれこれ話し合っているうちに、中空構造という考え方が河合先生の中から湧き出してきました。そのときは、ああやったね、と思いました。河合さんも、日本文化の分析をしながら、ああいう考えにたどり着いたんです。河合さんも、違う構造をもった学問がありうると考えていたんですね。僕は、河合さんとは本当に共同制作したなという実感がありますす。山口さんとはそういう体験はなかったなあ。山口さんは、自分のことしか考えてないから（笑）。本当にかわいい人だったんですよ。人との対話の中で相手の話を聞いて、それで自分を作りかえたり、新しいも

河合隼雄
一九二八―二〇〇七。心理学者。元文化庁長官。ユング派の立場から心理療法の発展・普及に努めた。箱庭療法の紹介でも有名。著書に『昔話の深層』『中空構造　日本の深層』。

のを作るっていうタイプじゃありませんでしたから。

土屋　そうねえ。山口さんって、結局いわゆる弟子っていないもんね。

中沢　でも、山口昌男さんには天才的な敏捷性があって、僕はそれには惚れ惚れと見入ってましたねえ。

そういう意味では、河合隼雄と僕との関係は、じつにクリエイティヴでした。あの人も、教育を中空構造型に変えていかなければいけないとしきりに考えていましたしね。僕もレンマの学問について考えていたから、だいたい二人の考えは同じだなと思っていました。

大学時代の話に戻りますけど、僕は大学の教授になるなんて考えもしませんでした。それが偶然が重なって、助手からいきなり中央大学の教授になり、あれよあれよという間に大学の先生という人生の道が開いてしまった。それまでは、このまま一生山口先生の助手でもいいなと思ってました（笑）。その前に東大事件なんてものもあって、僕は自分では、大学では生き延びられないなと思っていたんですけど、そんな経緯で学者として初めて人に教えるようになって、どうしようかと思ってました。

土屋　で、どうしたの。

中沢　レンマの学問というものが、まだ実際にどうなるのかも考えきれなかったんですが、これは手探りだねと思って、授業では仏教学や人類学をやったりしていました。実践に関してはどうしようかなと思っていたときに、東北の見も知らぬある村役場の職員から一通の手紙が来たんです、東北で山間地農業を一緒にやらないかって。この人は土方巽の弟子で暗黒舞踏をやっていた、**森繁哉**という大蔵村の山の中の役場の職員でした。突然に舞い込んだその手紙が、宮沢賢治の「どんぐりと山猫」に出てくる猟師宛の手紙みたいで、動物が書いたみたいな字で書いてあったんです。それを見たら、断れないでしょう。それで、よしやろうということになりました。

ゼミの学生はけっこうたくさんいたので、三〇人ぐらい引き連れて、山形の山奥で山間地農業を始めました。最初の教育実践としては、とても面白かったですね。知らない人からは「中沢さん、村長さんみたいなこと始めたの?」と皮肉られましたけどね。当時は今と違って、農業のことなどみんなまともに考えてないころでした。そんなんじゃなくて、学生たちが泥の中に入って、身体が変わっていくことを体験するだけでも、何がそこから出てくるかわからなくて面白いじゃないかと思ったんです。

学生は東京の子がほとんどでしたから、田植えなんか知りません。それ

森繁哉
もり・しげや。一九四七— 。舞踏家。大蔵村の行政に関わる傍ら、同地を拠点に舞踏・芸術活動を展開。著書に『東北からの思考』『生命と舞踏』。中沢とのコラボレーションは、中沢新一『哲学の東北』で取り上げられている。

でも、壊れちゃった棚田をみんなで直して、水張って、田植えまでやった。田植えをしている学生たちを見てるときにはびっくりしましたね。「泥すごーい」とか泥の中でキャッキャいってたのが、田植えを始めたらものの二〇分で昔の日本人と同じ格好で、さっさと植え始めるんです。何回か百姓さんが来て教えてくれたりしたとはいえ、この子たちの身体の無意識の中にこういうものがセットされていて、刺激すればすぐに出てくるんだなと思ってびっくりしました。夜は廃屋になった民家を借りきって、そこは劇場になってもいたので、みんなで踊りまくりました。

それが何の教育かわかりませんけれど（笑）、その当時の学生たちはけっこうものになりました。社会でも活躍しています。ＴＳＵＴＡＹＡのナンバーツーになったり、日経新聞の文化部で偉くなっていたりとか。彼らと会うと、「僕ら、あのとき勉強なんかしないで、あれをやってたのがよかった」といいあっているようです。ただまあ、誤解もされましたね。

土屋　あるいは**ヤマギシ会**じゃないかとか。文化大革命みたいなことを僕が考えているんじゃないかって。

中沢　とかね。でも、そんなのではなくて、知性に身体性を接続するのに農業のやり方はよいということだし。それを偶然理解できたことがよかっ

ヤマギシ会
幸福会ヤマギシ会。一九五三年に発足した、無所有・共用・共活を行動原理とする日本最大級のコミューン運動。

た。舞踏はいいなとも思いましたね。土屋さんの活動を見たとき、この人もひょっとしたら似たことを考えてるかもしれないと思いましたが（笑）。

土屋　僕、身体性ないもん。

中沢　そんなことないじゃないですか。

人間の知性の限界点に触れる

土屋　でも、今の話のようなことが、今の教育に一番必要なことじゃないですか。今の教育って、身体性が完全に欠落しているから。

中沢　身体は、自然や物質との媒介になるものですから、そこを鍛えておかないと、自然や物が、知性や脳活動の中に入ってこないんですよ。

土屋　それは僕も本当にそう思う。明治大学には農学部も黒川農場もあるんで、学生を連れていって何かやりたいんだけど、なかなか学生自身がそこへ行くまでにならないから。

中沢　それを教えるまでがたいへんなんですよね。

土屋　どうやって教育の中で身体性を取り戻すのかは大問題だと思います。インターンシップとか何かで、自然の中で自分の感覚を取り戻すことはあるんだろうけど、でもインターンシップじゃどうしても就職とかにつながってしまうからね。

中沢　僕が中大に勤めていたころは、学生が共感をもって一緒にやってくれましたけど、今はダメなんです。今の学生にいっても、最初から「いわゆる有機農法の実践ですね」とかいうし。そういうんじゃないんだよね（笑）。昔はまだそういうひねた考えがなかったから。

土屋　今は意味化されているからね。

中沢　確かに、地方に行って農業やって、みたいな取り組みはしているけれど、僕が考えているもっと根本的な変革のようなものとは違うなあという気がするんです。エコロジーとかのできあいの学問で頭から来るのとは違うんです。

土屋　そうそう。詰め込まれているからね。

中沢　有機農法をやって、循環的世界観とか、**ホーリズム**とか、そういうことは勉強します。だけど、その人の身体自体があまり変わってないんです。

土屋　いわば野生の教育がないんだよね。

中沢　それで「野生の科学」ってつけたんですけどね。

土屋　今も、中野キャンパスで**アール・ブリュット**の展示会をやろうとしたりしているのも、人間のもうひとつの可能性を示したいからです。それは、丸ごと人間を肯定するというか、身体の現れをふくめてすべてを肯定するときに、どんな世界が開けるのかを考えてほしいと思うからだよね。

ホーリズム
ある系全体は部分の算術的総和以上のものであり、全体を部分や要素に還元することはできない、とする考え方。つまり、部分をそれぞれ理解するだけでは、系全体の振る舞いを理解できない、という見方。

アール・ブリュット
生（き）の芸術。フランスの画家、ジャン・デュビュッフェが提唱した概念で、美術教育を受けていない人などが、既成の表現法にとらわれずに制作した作品のこと。

なにか知的な意味づけをするのではなく。それこそ、教養教育だと思う。人間のリアリティ、野生に直接触れることだからね。中沢さんはアール・ブリュットについて発言してきたので、それを話してもらえますか。

中沢　今は自閉症の子たちにも関心があります。京都大学の教育学科で、河合隼雄さんの息子さんの**河合俊雄**さんとはいっしょに仕事をする機会が多く、話を聞くと、いま自閉症がとても増えているそうです。昔は統合失調症が多かったんですけど、今一番重大なのは自閉症です。これは今後どうなっていくんだろうっていう驚きがあります。

アール・ブリュットの人たちは天使ですから。色に関しても形に関しても、僕らに教えてくれるものがいっぱいあります。

人間という生き物は、これからどう変化していくんでしょうね。家族・もこんな構造になっちゃいましたし。核家族になったころから危ういなと思っていたけれど、今はもっと危うくなって、自閉症児がたくさん出はじめています。痙攣しないと物にタッチできない子も少なくないですね。その心の中で起こっていることを見ると、レンマが作動していることがわかります。動き方がアリストテレスじゃないんですね。

第1章でもふれた、東田直樹さんという自閉症児が自分の内面的な体験

河合俊雄
一九五七―　。心理学者。京都大学こころの未来研究センター教授。著書に『ユング 魂の現実性』『心理臨床の理論』。

を書いた、『自閉症の僕が跳びはねる理由』という本があります。この子は自分の身体が跳ねてしまうんですが、自分がなぜ跳ねるかということを書いたものです。それを読むと、思考が点のようにあって、その間を線で、つまり論理でつないでくれるものがないという。点ごとの思考を身体で追っていくと、ジャンプしちゃう。

それは、僕らが六〇年代から七〇年代にかけて、人類の思考の可能性のひとつとして考えていたことでもあります。ジル・ドゥルーズは点の思想と呼ぶこともできる。**『アンチ・オイディプス』**では、線で結んでいくのはエディプス的でいかんといっていました。ある意味では、自閉症児は時代の先取りだなとも思いますが、その先取りの先に何が出てくるのか、とても関心があります。

土屋　中野のキャンパスで、アール・ブリュットの展示会をやって、学生がそういうものに接触したときに、自分の中のまさしく跳躍を感じることができるか、そこに期待したいんです。教育の中にアール・ブリュットのようなものを組み込みながらできないかなと思っているんです。

それと、今話に出た、ドゥルーズの点の思想だけれど、ちょっとよけいなことをいえば、ドゥルーズの**ヒューム**論はイギリスの研究者からはほと

『アンチ・オイディプス』
市倉宏祐訳、河出書房新社、一九八六／宇野邦一訳、河出文庫、二〇〇六。

ヒューム
デヴィッド・ヒューム。一七一一—七六。スコットランド出身の哲学者。イギリス経験論哲学の完成者とされる。知識の起源を知覚によって得られる観念にあるとした。著書に『人間本性論』『人間知性研究』。

んど無視されていても、おそらくもっとも面白いヒューム論で、とりわけ、小さな論文だけれど**シャトレ**が編集した『哲学史』の中のものはよかった。翻訳したのが私の師匠中村雄二郎だったので、特に印象が強かったですね。それもたった一言がよかった。「接続詞の《と》が動詞《である》の内在性を失わせる」、という言葉だったかな。この一言でヒュームの核心を突いている。それが**マクルーハン**がテレビを印象派の点描画に結びつけていたことがつながって、ドットによって構成される世界の結合の偶然性にまで行けば、もっと面白くなる。飛躍をふくんだ偶然性によって世界は構成されていることになるからね。内在的な必然性ではなく、ドットによって構成される関係の外在性だよね。その飛躍を人間もあらゆる生命体も生きていることになる。

これは余談です。アール・ブリュットと教育の話にもどしましょう。

中沢　それは重要だと思います。フランスの教育制度を見てていいなと思うのは、哲学科の学生が必ず精神病院にインターンで入らなければいけないという実習のやり方です。**サンタンヌ病院**で患者を見せて、彼らが描いている絵や言動を見て、実習させるんです。レヴィ＝ストロースも**シモーヌ・ド・ボーヴォワール**も、みんな行っています。この実習の影響を一番ま

シャトレ
フランソワ・シャトレ。一九二五—八五。フランスの哲学史家、政治哲学者。ヴァンセンヌ大学哲学科創設時から教鞭をとる。著書に『理性の歴史を語る』、編著に『シャトレ哲学史』1〜8（現在は『西洋哲学の知』と改題）。

マクルーハン
マーシャル・マクルーハン。一九一一—八〇。カナダの英文学者、文明批評家。メディアが印刷物からテレビ・コンピューターなどの電子工学的媒体へ移行することで人間の感覚や社会に影響をもたらすと論じ、大きな反響を呼んだ。著書に『グーテンベルクの銀河系』『メディア論』。

サンタンヌ病院
パリの病院。それまでもっぱら治療の場として使用されていたが、一八六六年ごろから精神病クリニックと総称される病院群となるとともに、精神医学の講座が設けられた。

ともにくらったのがフーコーで、『狂気の歴史』を書くまでになるわけですけど。

これはフランス人が哲学とは何かとよく考えていた証左です。哲学は人間の知性の限界点まで出ていく行為です。その限界点を生きてる人々が収容されているところへ行って、哲学と狂気の接点を見届けろという教育をしていた、それはすごいことだと思います。あれがフランス哲学を力強いものにしていたんだなと思いますね。土屋さんの考えも、そういうものと近いのですか？

土屋　近いですね。商学部の学生も政経学部の学生も法学部の学生も、そういう体験をすることは大事だと思います。いまインターンシップって、結局会社に入って、あらかじめ仕事を覚えましょう、みたいなことになっていますが、教育のインターンシップにはもっと違うレベルがあって、もっと人間というものに触れられる場所が必要だと思いますね。

結局みんな、それこそ仕事とか学校とか、常に帰属する場所を通してしか人間と関わらなくなっています。だから直接関われる場所が必要じゃないかと思っているんです。

シモーヌ・ド・ボーヴォワール　一九〇八―八六。フランスの作家・哲学者。サルトルの伴侶。実存主義を提唱するとともに、フェミニズムの立場から女性の解放を求めて闘った。著書に『第二の性』『女ざかり』。

知識を与える教育から自ら構築する教育へ

中沢 人類学とか民俗学にはフィールドワークをやりますが、実はあれは善し悪しだなと思っています。方法論をはじめに勉強しちゃう。そうすると、沖縄に行ってもどこに行っても、見方が最初から決まっているんですね。ニライカナイとかね。マレビトとかね。でも、実をいうと、折口さんたちがああいう概念を作ったときも、実証的根拠なんてほとんどなかった。ほんとにマレビトなんかいるの？ くらいに考えて、はじめから真に受けない方がいいのですが、その後の人は、それを頭に入れて対象を見るようになってしまう。

記録をとるときもマニュアルができていて、これを質問していけばいいっていうのがあるんです。びっくりしたことがあって、学生のころ、**植島啓司**さんと信州の山奥の村に花祭りを見に行ったときに、某大学の民俗学研究会ってのが来てて、八十いくつのいろいろなことをよく知っているお爺さんに質問してるのね。「この村に原始共産制はありましたか？」って（笑）。

植島啓司
うえしま・けいじ。一九四七―　。宗教人類学者。ミルチャ・エリアーデのもとで学び、各地でフィールドワークを行う。競馬好きとしても知られる。著書に『男が女になる病気』『聖地の想像力』。

土屋　（笑）

中沢　へえーっ、そんなこと教えてるんだ、と思いました。お爺さんもしたたかなもので、「うん、あったな」とか適当に答えている（笑）。とにかく聞く側の頭がマニュアル化してしまって、自分では考えていない。民俗学や人類学には確かにそういうところもありました。それに比べたら、今のどんな学問もどう扱っていいかわからないという対象、たとえばアール・ブリュットや自閉症の人たちに学生を触れさせるのはすごく大事だと思います。

土屋　本当にそう思います。たとえば法学部の学生が大学で法律を学ぶにしても、法律は人間の関係の一番生々しい部分に触れるわけですよね、夫婦間の問題とか財産相続とかさ、いろんな問題に触れながら、なるべくシステム的に解決しようとするけれども、それが簡単にできないから法律外的な解決を求めて和解とかになるわけですよね。

そうなると、弁護士といっても、法律を扱うというより人間関係の中のテクニックが必要になってきます。問題解決をするしかない。そうすると、そこの法律外的な価値が増えて、生々しい具体的な利害に触れて、そこをどうするかということになります。そのときに学生があらかじめ操作された概念で物事を進めようとしても、解決できません。それぞれのケースですべてが違うんだから。その生々しさに触れるチャンスがあってほしい。アール・ブリュットを見たときに思うのは、学生がそれに接したときに、自分自身の今までの既成概念を壊しながら、それとどう関わっていくかという手続きの実感を教育の場でつかんでもらいたいということですね。

さっきの中空構造じゃありませんが、シンガポールの**南洋理工大学**に行ったときに、アクティヴ・ラーニングということをしきりといわれるんです。大学にもアクティヴ・ラーニング棟というのがあるくらいで。そこに行ってみると、建物自身が中空構造になっていて、真ん中がドーンとした吹き抜けになっているんです。周りは円形の建物になっていて、小さな部屋があってくっついてるんです。

中沢　**パノプティコン**？（笑）

土屋　パノプティコンじゃないよ、真ん中には何もないんだから（笑）。それで、シンガポールは常に温度が常温だから、冷暖房がないんです。教室にはもちろんある程度あるらしいですが、廊下にはないんですね。真ん中の吹き抜けになっているところに椅子が置いてあって、学生がそこに座って話をしたり、寝たりしているんです。

南洋理工大学
ナンヤンりこうだいがく。一九九一年に設置されたシンガポールの国立大学。シンガポール国立大学とともにシンガポールで双璧をなす名門大学。

パノプティコン
一望監視施設。ジェレミー・ベンサムが考案したもので、中心に監視塔を置き、そのまわりに独房を放射状に配した円形の監獄施設。ミシェル・フーコーは『監獄の誕生』で、これを近代の管理社会の起源とみなした。

そのときに、そこで教育がどのように行われているのかと説明する人が、「もう権威としての教授は存在しない」というんです。講義というかたちの教育はいっさいしない。ある程度は教員が口を出すにしても、学生たちが自分たちでお互い学び合う。鍵は渡すけれど、鍵を開けて蔵の中を見るのは学生自身で、私たちは蔵の中までは行かないようにしている。彼らが行ってやるしかない。その中で、わかる学生もいるしわからない学生もいるから、わかる学生がわからない学生に教える。そうすると、あらかじめ体系を渡す教育じゃなくて、そこでまったく外の世界とつながって、空気も何もかもが吹き抜けになって循環する中で、学生自身が知のシステムを作っていかなきゃいけない。それがアクティヴ・ラーニングだ、といってましたね。

大学教育も、ある体系、システムとして渡していく教育ではなくて、自分自身が無秩序の中で、今までくっつかなかったものをくっつけながら、新しい知のシステムを作っていくというふうに変わると思います。世界においても、いま変わろうとしていますね。たぶん日本の大学も変わっていくと思うんですよ、現実に。ただ、それをアクティヴ・ラーニングという流行りのシステムにはしたくない。

たとえばさっき話に出たアール・ブリュットの絵には驚きや断絶がありますが、僕はそれを埋めながらその中に入り込んでいくような体験が必要だと思っているんです。何とかそういう直接体験の場を作れないかな。教育をある意味で解体して、知識を与える教育から自ら構築する教育へと変えていかないといけないし、これからは自ずと変わっていくと思うんですよ。

中沢　いま自分が学生をそういう境界線のようなところに連れていくと炎上するんじゃないかという恐れを抱いています。今の社会だと、親たちが、あいつがこんなことしてますよというタレコミで、たちまち炎上しちゃう。それがそういう冒険を阻むものになっているような気がします。

土屋　確かに、本当に危ないところに行かれるのは困るけどね（笑）。

中沢　冒険というものを、そういう目に見えるかたちの冒険として考えるからダメだと思うんです。僕は冒険家は嫌いなんです。レヴィ＝ストロースも『**悲しき熱帯**』で、やはり冒険家は大嫌いだって書いています。戦場に行けば弾は飛び交っているけれど、そうではなくて、ふつうの人間存在自体がすごいんです。ふつうのことの周辺部では冒険に満ちたことが行われていて、そのことに直面させる冒険の方が重要だと思います。

『悲しき熱帯』
一九五五年刊行。ブラジルの少数民族を訪ねた旅の記録をまとめた紀行文だが、未開社会の分析と、ヨーロッパ中心主義に対する批判により高く評価される。邦訳は、川田順造訳、中央公論新社ほか。

土屋　そのとおりですね。日常そのものがいわば複雑なんだし、日常そのものがある意味でアール・ブリュットなわけだから。アール・ブリュットの定義は、専門的訓練を受けていないナイーヴな芸術というらしいけれど、それが知的次元で変異度がある子供たちの芸術になるわけだよね。もうひとつの芸術。日常だって、専門的訓練を受けていないものたちの創造の連続じゃないか。日常の専門家なんていないからね。しかし、そこでの創造こそ新しい日常の感覚が誕生する場所かもしれない。

中沢　別の組織をもった世界が見えて、それに直面したときに、では自分の組織している世界や自分を限界づけているものは何なのかが見えるというのが重要なところなんでしょうね。

土屋　まさにそうだね。

教師よ、パフォーマーたれ

中沢 その点、昔のイニシエーションには優れているところがあって、**メアリー・ダグラス**の研究の中にもよく出てくる話ですが、アフリカの部族の教育の過程には、ふたつタイプがあるという。プロフェッサーにあたる長老が出てきて、世界がどうできているのかという知識をオーソドックスに教えて、知の体系を伝達します。それがすむと、今度は秘密の教育を始めるといって森の中に連れていき、そこでセンザンコウ＝アルマジロを食べさせる儀式をする。

アルマジロを食べるなんて、この人たちにとってはふつうは考えることなどできないものです。魚と動物とも、なんともつかない怪物ですから。それを食べさせる。そのことによって、世界の混沌を身体の中に入れろというわけです。そして、それまで知識を伝えていた長老が、「今まで教えてきたことは全部嘘だ」と（笑）。嘘だけれども、ふつうの暮らしには嘘は大事だから、それは守ろう、だけど宇宙の本質は本当はこれだというんです。メアリー・ダグラスはこういっています。これは**サルトル**が『**嘔吐**』

メアリー・ダグラス
一九二一—二〇〇七。イギリスの社会人類学者、文化人類学者。「穢れ」論によって、二〇世紀の文化人類学を代表するひとりとされる。著書『汚穢と禁忌』『象徴としての身体』。

サルトル
ジャン＝ポール・サルトル。一九〇五—八〇。フランスの哲学者・小説家・劇作家。現象学に刺激を受け、無神論的実存主義を提唱、戦後文学の知的指導者となった。後に共産主義に接近、文学者の政治参加を説いて自らも実践した。著書に『嘔吐』『存在と無』。

『嘔吐』
一九三八年に刊行されたサルトルの小説。主人公ロカンタンの嘔吐感を通して、存在の虚無性を探る実存主義の代名詞的作品。

で書いた、ロカンタンがマロニエの根を見たときに吐いちゃうという、あれと同じ実存主義の体験をさせている。この世界の本当の姿は木の根っこのような恐ろしい姿をしている、それを自分の体内に取り入れろ、というメッセージがセットしてある。現代教育から徹底的に欠落しちゃったのは、この部分ですよね。

土屋 そうですね。

中沢 精神病院のインターンをさせるという教育実習は、今でもフランスでは続いているのだろうか。小利口な親たちが炎上させてなければいいけれど。世界についての情報を伝達するだけなら、全然難しくない。自分が知ってることをいえばいいわけですから。学生の方はノートをとっていけばいい。それを他の人にも伝えることができて、そうすると伝えた側も偉くなる。でも、そんなの教育じゃないよというのが、人間の知恵だった。

土屋 本当は、大学に入ること自体が一種のイニシエーションだったわけですよね。それまでの連続性を切って、まったくの放任状態に置かれていて、何をやってもよかったわけです。

中沢 僕も大学で教え始めた当初、そう考えていました。高校までの教育で勉強したことって結局情報だから、この世界について自分の身体を媒介

邦訳は、白井浩司訳、白水社ほか。

にしないと本当に知ったことにならないという教育をやらなければいけないと思って、いろいろやりました。

五年くらいやると、けっこういい学生も出てくるんですが、僕はだんだん大学で孤立してくるわけ。周りの先生たちが、よくないといいだすんですね。「その証拠に、中沢ゼミは就職率が悪い」(笑)。最初は突出した学生も出ていたんですが、ある年、就職できたゼミ生がたったひとりって年がありまして、しかもそのひとりが秋田の芸能社に就職して秋田漫才の弟子になった。そのときは教授会でさんざん絞られました。「中沢さんの教育は本当にそれでいいのか」って。だんだん肩身が狭くなっていって、それでついに、もうこれは美大へでも行くしかないということになった。

土屋　それで多摩美に行ったんだ(笑)。

中沢　土屋さんみたいな学長がいて、ビジョンと明確な理論をもってやってくれれば、僕もやりたいですね。

土屋　明治大学には一〇の学部があって、三万二〇〇〇人の学生がいます。僕は、教師自身がパフォーマーであってほしいんです。それぞれの教員がそれぞれのパフォーマンスの場所をもってやってほしいし、やれるような環境を作りたい。自分が得た知識を伝達するだけでなく、彼ら自身がパフォーマーとしてある場所をもって、それと学生とをつないでいく存在であってほしいんです。

中沢　ほんとだね。

土屋　それはなかなか難しいことですが、そういうことを意識していっていれば、たとえば法学部に**中村和恵**さんという英語の教員で詩人としても有名だけれど、アボリジニに関心があって自分もアボリジニのなかで生活したりしながら、アボリジニを呼んで学生と話をさせたりするようなことも起きているんです。

中沢　土屋さんが学長になるというのは、そういうことを可能にするということですもんね。

土屋　そういうことをいろんな人がやっているんだから、ひとつの大学の中にもうひとつ別の円環ができあがって、その中で教員が結び合いながら、学部とは関係なく、そういう身体性の場所を作り出していくことは可能だし、重要だと思うんです。

前にも南島学校を作ろう、といったことがありますよ。明治で南の島を買って、南島大学を作ろうと。明治にはヨット部があって、ヨットで沖縄まで行ってるんですよ。

中村和恵　一九六六―　。比較文学者、詩人。ポストコロニアリズムの研究が専門。著書に『トカゲのラザロ』『日本語に生まれて』。

中沢　そうなの？

土屋　行ってるんですよ。それだったら、毎年一回、洋上大学じゃないですが、ヨットで南島まで行って、学生はそこで生活をして、南島文化としての日本を感じるとかいいんじゃないかとかね。大学なんだから、そういう開かれた状態を作らないと。でも、今は何か閉じてしまうんだね。

地方創生というかけ声の嘘

中沢　国の教育政策が、そういうものを閉じるどころかさらに封鎖してしまおうとしているでしょ。産業界にてっとり早く役に立つ人材を養成しようとしているけれど、実際にはそんなもの役に立たないのに。

土屋　全国知事会が、東京二三区に新しい大学や学部を作るなっていう要望を出してるんですよ。それを法制化しようとする動きもあるようです。この狙いは地方創生で、各地域が過疎化するのを防ぐために、まず東京の大学を増やすな、各地域に残れというんですね。しかし、東京に一極集中するのがいいとか悪いという問題ではありません。いろいろな可能性をいろいろな大学で試して、学びたい人はそこへ行って学ぶ、つまり大学を開いた存在にしていくもくろみを封殺することになってしまう。その地域にいなさいといって、流動性を失わせるわけですね。それは結局、何の教育にとっても意味のあるものになると思えない。それはまったく教育でも何でもない。各地域の閉鎖性の中に学生を閉じ込めておいて、そこの中で人生を送ってくれればいいという話になってしまう。グローバルでも何でもないわけでしょう。そんなことよりも、いかに地方に魅力的な大学を作るかが問題なんだよ。内閣は東京での大学抑制策を方針として決めてしまったけれど、かつて長期にわたって官僚のトップだった石原信雄元内閣官房副長官と先日話したとき、どう思うかと聞いたら、石原さんはさすがだね。本末転倒な議論だねといっていたよ。

中沢　「東京でやってたらできないものが向こうにあるらしいから、あの大学へ行く」っていう発想ね。ヨーロッパって、これじゃないですか。地方の小さい町の大学、たとえばハイデルベルク大学に行かないとできない学問があるから、そこへ行く。

土屋　そう、それがない。大学教育に対する基本的なスタンスがおかしくなっているんです。もし、地方創生を本当にやりたいのだったら、各企業の本社機能を地方へ移転すればいいんですよ。いっさいそういうことをやらずに、いわば認可事業である大学に対して攻撃の矢を向けている。そうすると、何もかも閉鎖的になってきてね、流動性も失われ、活力もなくなっていきますよ。

中沢　本当は企業を地方に分散していかなきゃいけない。

土屋　みんな東京に来るのは就職がいいからなんで、企業を分散しないでおいて、大学だけこっちに作るななんて話をしたって絶対よくなりっこない。

だからむしろもっと開いていって、東京の大学も南なら南の島でもいいから、どんどん開いていけばいい。大学自身の上にもうひとつ違う層を作っていくことは、とっても大事だと思います。それをやらないと、大学も滅びるよ。

でも、逆にいうと、東京の大学も各地域の個性に開いていくという事業をしていかないといけないんですよ。それで、さっきの南島大学の話をしたんですよ。

中沢 東北にも目を向けてください。

土屋 東北は、まさに常民大学というのを明治大学教員だった**後藤総一郎**がやっていたんですよ。それで名残があることはありますね。

中沢 でも、東北で今一番アクティヴなとこでは、人口構成が震災後がらっと変わっていて、むしろお年寄りが減っている。常民大学じゃなくて、これから新しい常民文化を作っていきましょう、という段階にあります。

土屋 これから（笑）。

中沢 土地の伝承、作物、人間関係を生かして、これから新しい常民の文

後藤総一郎
一九三三―二〇〇三。思想史学者。橋川文三に師事、柳田國男研究で知られ、市民講座「常民大学」を主宰した。著書に『遠山物語』『柳田国男論』。

化を作っていきましょう、みたいな若い人たちが現れています。石巻でそういう学校みたいなものを作ろうという動きもあります。見ていると海岸地帯などでは、もう人口構成が今までとはまったく違ってしまっている。お年寄りは内陸の住宅に移ってしまって、海辺には大阪から来てカフェ開いている人とか、その土地で育った若者とかが一緒にやっている。そうすると、少しずつ文化が変わっていって、あと一〇年もすると、それなりの常民文化ができてくると思います。僕はそういうのも楽しいなと思います。

土屋 いま、やれグローバルだ、海外に行きましょうっていうけれど、実は日本の中にも、行くべきところがいろいろあるんですね。

明治は震災復興プロジェクトをいくつもやっていますが、もう少し組織化して、人数的にももう少し大規模に行けるようにしたいですね。それで、そこで一カ月なら一カ月生活する、ということをやらないとダメだと思う。それこそ、さっきのイニシエーションじゃないけれど、違うところに入っていくという体験をしないと。そこにある、大学や学生が東京で考えていることと違う論理を学ぶことが大事だと思う。

中沢 自分たちがいかに貧しいかを自覚しないと、開いていかないでしょうね。都市はいろんな意味で豊かだから、知識、情報、ファッション、いろんな面で、自分たちが豊かな文化を享受しているというおごりがある。だから、東北の被災地にボランティアで行っても、やっぱり上から目線で。自分たちが安全圏にいるままで、たいへんな人たちを手伝いましょう、みたいなスタンスでやると、ある期間が終わって東京に帰ってみると、以前と全然変わっていない。

そうではなくて、いかに自分たちが貧しい存在であるかという自覚に立たなければ。立ったときに、初めて何かが開いてくる。イエス・キリストがいいました、「貧しい者こそ幸いなり」。

土屋 そう、さっき中沢さんがチベットへ行った話と同じで、自分自身が壊される体験が必要だなんです。海外に行かなくても、日本の国内にそういうところはいっぱいあると思うんです。

中沢 僕も、わざわざチベットまで行くなんて、ずいぶん大げさなことしたな、と恥ずかしく思うこともあります（笑）。

土屋 地方の各大学との間で、そちらの学生に明治に来てもらい、明治の学生もそこに行かせる、というかたちの連携ができてくれれば、本当の意味での開かれた教育、いわばアクティヴ・ラーニングが可能になるんじゃないかと思います。

中沢　思いますね。

土屋　学生には、日本の国内でいいから、移動する中で自分自身の感覚や意味が壊れていく経験をしてほしいね。それは芸術でもそうだと思いますよ。アール・ブリュットもそうだし、芸術に触れるということは、ある意味では違う身体系を経験することだから、これも本当に大事だと思う。

エンカウンターとパフォーマンスの空間を

土屋　さっきお話ししたシンガポールの南洋理工大学の建物はＨＩＶＥというんですが、これを設計したのは、**トーマス・ヘザウィック**っていうイギリス人なんですよ。彼の講演をたまたま東京で聞いたことがあるんです。しかも、シンガポールに行く二日くらい前に。そのとき彼がいったのは、要するにエンカウンターの空間を作ることが大事だということ。もうひとつ、国立大学なんで、シンガポール政府からいわれたのは、出生率が上がる建物にしてくれだって。

中沢　ベッドでも置くんですか（笑）。

土屋　いやいや（笑）。ヘザウィックも、いわれたことがよくわからなかったらしくて、出生率が上がる建物にできたかどうかわからないといってました。でも、行ってみると、さっきいったように、真ん中が吹き抜けで、廊下があって、学生同士が話してるんです。だいたい男と女が向き合って勉強していて、シンガポールは暑いから女の子はみんなショートパンツで、長い脚を惜しげもなく出しているわけ。そうすると出生率は上が

トーマス・ヘザウィック
一九七〇―　。イギリスのデザイナー、３Ｄデザイナー。上海万博の英国パビリオン（二〇一〇年）や、ロンドン五輪の聖火台（二〇一〇年）などが有名。

りますよね（笑）。

中沢 冷房しちゃいけない（笑）。

土屋 冷房はダメ（笑）。学生同士が出生率を上げる必要は別になくたっていいいんだけど、僕がちょっとうらやましかったのは、そうやって語り合えるような空間がないいんだよね。今の日本の大学には。

中沢 ないね。

土屋 特に東京の大学には。そういうものを作ろうと思ってやってきたけど、やっぱり部分的にしかできない。大学全体としては難しい。だから、新しい建物を作るときには、エンカウンターの空間であり、同時に学生がパフォーマンスできる空間を作りたいと思っています。パフォーマンスといっても、別に舞台をやるとかではなくて、お互いの振る舞いがある空間を作らなきゃいけないなと思ってます。

さっきアール・ブリュットの話をしましたけど、僕はデザインアート系のセンターも作りたいと思っているんですよ。MITにメディアラボという施設があるんですが、ああいう感じにしたい。そのメディアラボには、いろいろな人がいるんです。僕が見に行ったときも、同じ空間でまったく別の研究を勝手にやっているんです。統一的なテーマがあってやってるんじゃなくて、それぞれが勝手なことをやって、どこかで絡み合いながら連携されているような、そういうメディア・デザインセンターを作りたい。

中沢 石巻でいまap bankの**小林武史**さんたちと作ろうとしてるのが、リボーン・アート・スクールです。再生復興の「リボーン」と、「アート」というのは「ars」ですね、いわゆるアートだけじゃなくて生活のアート。

土屋 技法とか術といったことですね。

中沢 芸術の語源でもあります。「リボーン」は人間として生まれるためにどうするか。そういうことをやってみるアート・スクールを作ろうとしてますが、だいたい同じような理念ですね。

土屋 大学の中に、最初からある秩序があって作られているのではなくて、まったく関係ない人たちがいながら、どこかでつながるならつながるでいいし、つながらないならそれでもかまわない。いろいろな学部の学生がアート・センターのあるアトリエに所属していい。そこで何か作るかもしれないし、作るならそのことによって自分の身体の拡張を経験できるといいね。

小林武史
一九五九— 。音楽家、音楽プロデューサー、作詞家、作曲家、編曲家、キーボーディスト。MY LITTLE LOVERで多くのヒットを飛ばすが、それ以外にも非常に多くのコラボレーションを行っている。

あとがき　石蹴りしてここへ

土屋恵一郎

中沢新一と対話するということは今まで考えたことがなかった。若いころから知っていたが、知人というほどでもなく、もちろん友達でもない。私より年下だが、影響を受けたのは私の方であった。時に危険であったが、領域を超えて思考がダンスしている。多分、中沢は思想家というより詩人である。論理をこえて言葉が光って眼をさす。その跳躍力が私を刺激する。「対話は霊感を誘発する」、「よどんだ思考の流れに再び道をつける」。クライストの対話をグスタフ・ルネ・ホッケはそう評価した。中沢新一との対話は、まことにそのとおりであった。語り合ううちに、今まで考えていなかったことが浮かんでくる。ネイティヴ・アメリカンの儀礼は引き延ばすことであると語ったときに、能の序之舞の意味がすっとわかった。能についての違う語り方を見つけた。

中沢も私もここでは自分のことを語りすぎたかもしれない。お互いがどこかで交差しながら、けっして同一化することなく、同じ時代を生きたことがよくわかった。それは私にとってここからあそこへと石蹴り遊びするような過程であった。その領域の跳び越えを語ることで、閉域を超える思考を誘発したかった。

結局は、自分だけの思考などはなく、さまざまな人々とのかかわりのなかで、石蹴り遊びをしていたのだ。それが七〇歳になった私の決算であり、中沢とのこの対話も跳んで跳んでいたる場所を共有したことの結果である。それが楽しかった。

学長という立場になってみれば、それは学生たちへの励ましである。そこにとどまることなく、次へと跳ぶことへの励ましである。それこそ学生であることの唯一の特権である。

石蹴りして、私はここに。では、君は。中沢と私はそう問いかけるだろう。

資料

橋の会公演記録

年号	月日	公演タイトル	能の演目・その他	場所	備考
一九八〇年（昭和五五年）	三月一四日	公開研究会「能の演劇的起源——曲舞をめぐって」		青山銕仙会舞台	
	四月一日	橋の会第一回公演	百萬	宝生能楽堂	
	六月三日	橋の会第二回公演	清経（恋之音取）	宝生能楽堂	
	九月二日	橋の会第三回公演	野宮	宝生能楽堂	
一九八一年（昭和五六年）	一月二七日	橋の会第四回公演	蟬丸	宝生能楽堂	
	五月二七日	橋の会第五回公演	自然居士	宝生能楽堂	
	一〇月二七日	橋の会第六回公演	江口	宝生能楽堂	
一九八二年（昭和五七年）	三月四日	橋の会第七回公演	西行桜	宝生能楽堂	
	七月一五日	橋の会第八回公演	葵上（空之祈）	宝生能楽堂	七月八日、公開研究会にて葵上原形演出試演
	八月一日	利賀国際演劇フェスティバル	百萬（法楽之舞） 葵上（古式）	利賀山房	葵上原形演出を能の形で初演
	八月二日	〃	融（舞返）	利賀山房	
	一一月一一日	橋の会第九回公演	砧	宝生能楽堂	
一九八三年（昭和五八年）	四月二六日	橋の会第一〇回公演	善知鳥	宝生能楽堂	
	九月二二日	橋の会第一一回公演	定家	宝生能楽堂	
	一二月六日	橋の会第一二回公演	重衡	宝生能楽堂	復曲公演Ⅰ
	一二月一二日	〃	重衡	国立能楽堂	〃
一九八四年（昭和五九年）	二月二一日	橋の会第一三回公演	安達原	宝生能楽堂	
	七月二日	橋の会第一四回公演	朝長	宝生能楽堂	
	八月六日	利賀国際演劇フェスティバル	重衡	利賀村野外劇場	

	一一月二七日	橋の会第一五回公演	布留	宝生能楽堂	復曲公演II
	一二月一八日	〃	布留	国立能楽堂	〃
一九八五年（昭和六〇年）	三月二八日	橋の会第一六回公演	弱法師	宝生能楽堂	
	六月二七日	橋の会第一七回公演	天鼓（弄鼓之舞）	宝生能楽堂	
	八月二七日	石上神宮崇敬会五周年記念	布留	石上神宮	
	一一月二一日	橋の会第一八回公演	松風	宝生能楽堂	
一九八六年（昭和六一年）	三月二七日	橋の会第一九回公演	求塚	宝生能楽堂	
	六月二六日	橋の会第二〇回公演	半蔀（立花供養）	宝生能楽堂	立花＝岡田幸三
	七月九日	橋の会特別公演 第1回「花と能の宴」	半蔀（立花供養）	宝生能楽堂	生け花＝勅使河原宏
	一一月二〇日	橋の会第二一回公演	丹後物狂	宝生能楽堂	復曲公演III
		〃	丹後物狂	国立能楽堂	〃
一九八七年（昭和六二年）	三月二七日	橋の会第二二回公演	熊野（村雨留）	宝生能楽堂	
	六月二五日	橋の会第二三回公演	重衡	宝生能楽堂	
	七月七、八日	能 in Roppongi	天鼓（盤渉）	六本木カフェ・ノマド	伊東豊雄の建築と能
	一〇月六日	第2回「花と能の宴」	重衡	草月ホール	舞台美術・勅使河原宏
	一一月二〇日	橋の会第二四回公演	柏崎（思出之舞）	宝生能楽堂	世阿弥自筆本を生かした演出
一九八八年（昭和六三年）	六月二四日	橋の会第二五回公演	海士（懐中之舞）	宝生能楽堂	
	八月一日	利賀国際演劇フェスティバル	砧	利賀山房	
	一〇月二九日	「橋の会結成十周年記念」 橋の会第二六回公演	道成寺	観世能楽堂	
	一二月五、六日	第3回「花と能の宴」	定家	草月ホール	舞台美術＝勅使河原宏
一九八九年（平成元年）	二月一五日	能 in Tokyo Space ［第1回都民伝統芸能鑑賞の会］	半蔀（立花供養）	カザルスホール	立花＝川瀬敏郎、制作＝橋の会 主催＝（財）東京都文化振興会
	六月一三日	橋の会第二七回公演	布留	国立能楽堂	

	八月一日	隅田川夏の能	葵上（梓之出）	佐賀町エキジビットスペース	共催＝佐賀町エキジビットスペース・橋の会
	八月二日	〃	天鼓（弄鼓之舞）	〃	
	九月四、五日	太閤能	明智討	草月ホール	舞台美術＝勅使河原宏、制作＝橋の会
	九月一二日	太閤能	明智討	東京駅丸の内北口ホール	舞台美術＝勅使河原宏、共催＝JR東京駅・橋の会
	九月二六日	厳島の能	松風	厳島神社・能舞台	NHK衛星TVにて放映
	一二月六日	橋の会第二八回公演	融（十三段之舞）	宝生能楽堂	
一九九〇年（平成二年）	二月二七日	能 in Tokyo Space「能の音楽会」［第2回都民伝統芸能鑑賞の会］	一管「五調子音取」 一調「遊行柳」 一調一管「唐船」 素囃子「序之舞」	東京文化会館小ホール	主催＝（財）東京都文化振興会 制作＝橋の会
	三月二九日	能 in Tokyo Space「能と異国趣味」［第2回都民伝統芸能鑑賞の会］	石橋 楊貴妃	宝生能楽堂	主催＝（財）東京都文化振興会 制作＝橋の会
	六月一日	橋の会第二九回公演	采女	観世能楽堂	
	六月二三日	名古屋能楽鑑賞会	重衡	熱田神宮能楽殿	主催＝名古屋能楽鑑賞会 制作＝橋の会
	八月一日	利賀国際演劇フェスティバル	山姥	利賀山房	
	八月七日	表参道夏の能「ガルーストの世界で」	仏原	東高現代美術館	共催＝東高現代美術館 制作＝橋の会
	八月八日	〃	烏頭	〃	
	九月八日	石上神宮崇敬会結成十周年記念	布留	石上神宮拝殿	主催＝石上神宮、制作＝橋の会

	一一月六日	橋の会第三〇回公演［観世寿夫追憶の夕 Part I］	朝長（懺法・大崩之語）	宝生能楽堂	
	一二月二二日	橋の会委嘱新作能特別公演	鷹井	観世能楽堂	原作＝W・B・イェーツ、能作＝高橋睦郎、かしら設計＝毛利臣男
	一二月二三日	［観世寿夫追憶の夕 Part II］	鷹井	観世能楽堂	
一九九一年（平成三年）	二月二二日	能 in Tokyo Space	葛城	草月ホール	主催＝（財）東京都文化振興会
	二月二三日	［第3回都民伝統芸能鑑賞の会］	三輪	〃	制作＝橋の会
	三月二八日	橋の会第三一回公演	清経（音取）	宝生能楽堂	
	五月三〇日	橋の会第三二回公演	芭蕉	宝生能楽堂	
	六月二七日	橋の会第三三回公演	弱法師	宝生能楽堂	世阿弥自筆本による
	八月二日	パルテノン多摩野外能	井筒	パルテノン多摩きらめきの広場	制作＝橋の会
	八月三日	〃	天鼓（弄鼓之舞）	〃	主催＝（財）多摩市文化振興財団
	九月二一日	稲城市市制二〇周年記念「能と狂言の夕べ」	羽衣（和合之舞）	駒沢女子短大講堂	制作＝橋の会、主催＝稲城市
	一〇月二二日	橋の会第三四回公演	江口（千之掛）	宝生能楽堂	
	一二月一九日	橋の会第三五回公演	井筒（段之序）	宝生能楽堂	
一九九二年（平成四年）	三月一七日	橋の会第三六回公演	自然居士	宝生能楽堂	金春禅竹『五音之次第』による
	四月二三日	橋の会第三七回公演	大原御幸	宝生能楽堂	
	四月二八日	前橋芸術祭'92	重衡	群馬会館	制作＝橋の会
	六月二六日	橋の会第三八回公演	善知鳥	宝生能楽堂	
	一〇月一日	橋の会第三九回公演	三輪（神遊）	宝生能楽堂	
	一一月二四日	橋の会第四〇回公演	定家	宝生能楽堂	

一九九三年（平成五年）	六月一日	橋の会第四一回公演 昼の部	葵上	宝生能楽堂	
	〃	〃 夜の部	葵上（古式）	〃	
		橋の会第四二回公演	野宮	宝生能楽堂	
一九九四年（平成六年）	六月七日	橋の会第四三回公演	船弁慶（重前後之替・船中ノ語・早装束）	国立能楽堂	
	七月一六日〜二七日	アヴィニョン国際演劇フェスティバル「花と能の宴」	スサノオ（一〇回） 鐘巻（五回） 安達原（五回）	仏アヴィニョン市ブルボン石切場跡	総合演出＝勅使河原宏、衣装＝毛利臣男、音楽＝石井真木、制作＝橋の会、照明＝ジャン・カルマン シテ＝観世栄夫（三回）、浅井文義（二回）
	一二月一日	橋の会第四四回公演	卒都婆小町	宝生能楽堂	
一九九五年（平成七年）	五月一九日	橋の会第四五回公演	望月（古式）	宝生能楽堂	
	七月三日	橋の会第四六回公演	鵺（白頭）	国立能楽堂	
	一一月九日	橋の会第四七回公演	紅葉狩（鬼揃）	国立能楽堂	
一九九六年（平成八年）	四月二、九日	橋の会第四八回公演	道成寺	宝生能楽堂	
	六月二八日、七月六日	橋の会第四九回公演	逢坂物狂	宝生能楽堂	復曲公演Ⅳ
	一二月五、六日	橋の会第五〇回公演	鷹井	国立能楽堂	
一九九七年（平成九年）	四月三日	橋の会第五一回公演	翁 春日龍神（町積）	宝生能楽堂	
	七月四日	橋の会第五二回特別公演	井筒	宝生能楽堂	原画＝堀文子
	七月一五日	橋の会第五二回追加公演	井筒	宝生能楽堂	装束デザイン画＝高田倭男

	一〇月二日	新津市美術館開場記念	紫上	新津市美術館	能作＝深瀬サキ、制作＝橋の会 主催＝新津市美術館
	一二月四日	橋の会第五三回公演	定家	宝生能楽堂	
一九九八年 （平成一〇年）	三月六日	橋の会第五四回公演	紫上	国立能楽堂	能作＝深瀬サキ、構成演出＝岡本章、照明＝服部基、音楽＝藤枝守
	六月二六日	橋の会第五五回公演	養老（水波之伝）	宝生能楽堂	
	一二月四日	橋の会第五六回公演	当麻（二段返）	宝生能楽堂	
一九九九年 （平成一一年）	四月一三日	橋の会第五七回公演	西行桜	宝生能楽堂	
	六月二四日	橋の会第五八回公演	自然居士	宝生能楽堂	金春禅竹『五音之次第』による
	一二月二日	橋の会第五九回公演	芭蕉（蕉鹿語）	宝生能楽堂	
二〇〇〇年 （平成一二年）	五月九日	橋の会第六〇回公演	重衡	宝生能楽堂	
	七月一一日	橋の会第六一回公演	逢坂物狂	宝生能楽堂	
	一〇月一七日	橋の会特別公演 「高橋睦郎新作狂言の夕」		国立能楽堂	
	一〇月二七日	橋の会第六二回公演	定家	宝生能楽堂	
	一二月一四日	橋の会第六三回公演	布留	宝生能楽堂	
二〇〇一年 （平成一三年）	五月一七日	橋の会第六四回公演	鞍馬天狗	宝生能楽堂	
	七月七日	第一回国際世阿弥シンポジウム	翁	国立オリンピック記念青少年総合センター	共催＝東京大学大学院表象文化論・橋の会
	七月九日	橋の会第六五回公演	井筒	国立能楽堂	
	一〇月二六日	橋の会第六六回公演	烏頭	宝生能楽堂	
	一二月六日	橋の会第六七回公演	丹後物狂	宝生能楽堂	
	一二月一九日	茂山狂言の世界		有楽町朝日ホール	主催＝朝日新聞社 制作＝橋の会
二〇〇二年 （平成一四年）	三月八日	大阪国際フェスティバル協会東京公演 「花と能の宴」	翁・（半能）高砂 湯谷	オーチャードホール	主催＝朝日新聞社、制作＝橋の会 舞台美術＝勅使河原宏

	五月九日	橋の会第六八回公演	烏帽子折	国立能楽堂	
	七月一四日	橋の会第六九回公演	不知火	宝生能楽堂	能作＝石牟礼道子
	七月一八日	〃 追加公演	不知火	国立能楽堂	演出＝笠井賢一
	一〇月二九日	橋の会第七〇回公演	楊貴妃	宝生能楽堂	
	一一月一八日	能とバレエの宴	胡蝶	オーチャードホール	主催＝朝日新聞社、制作＝橋の会 衣裳＝森英恵
	一二月六日	橋の会第七一回公演	卒都婆小町	宝生能楽堂	
二〇〇三年（平成一五年）	三月一七日	能「胡蝶」観世清和の至芸	胡蝶	オーチャードホール	主催＝朝日新聞社、制作＝橋の会
	三月二五日	橋の会第七二回公演 Aプログラム	隅田川	宝生能楽堂	
	三月二七日	橋の会第七二回公演 Bプログラム	隅田川	宝生能楽堂	
	七月一三日	橋の会第七三回公演 Aプログラム	半蔀（立花供養）	国立能楽堂	立花＝川瀬敏郎
	七月一四日	橋の会第七三回公演 Bプログラム	半蔀（立花供養）	国立能楽堂	立花＝川瀬敏郎
	一〇月二八日	石牟礼道子作「不知火」	不知火	熊本県立劇場	主催＝不知火実行委員会 制作＝橋の会
	一一月一五日	花と能の宴「紅葉狩」	紅葉狩（鬼揃）	オーチャードホール	主催＝朝日新聞社、制作＝橋の会 舞台美術＝假屋崎省吾
	一二月九日	橋の会第七四回解散公演	蟬丸	宝生能楽堂	

ま

や

ら

わ

索引

あ

か

さ

土屋恵一郎（つちや・けいいちろう）
明治大学学長。1946年、東京都生まれ。法哲学研究のかたわら、能を中心とした演劇研究・上演団体「橋の会」を主宰、能楽・ダンス評論でも知られる。著書に『正義論／自由論——寛容の時代へ』『元禄俳優伝』（以上岩波現代文庫）、『能、ドラマが立ち現れるとき』（角川書店）他。

中沢新一（なかざわ・しんいち）
明治大学研究・知財戦略機構特任教授。1950年、山梨県生まれ。宗教から哲学まで、芸術から科学まであらゆる領域にしなやかな思考を展開する思想家・人類学者。著書に『チベットのモーツァルト』『アースダイバー』『野生の科学』『熊楠の星の時間』（以上講談社）、『日本文学の大地』『俳句の海に潜る』（以上KADOKAWA）他。

La science sauvage de poche 05
知の橋懸り　能と教育をめぐって

2017年3月31日　初版発行

著　者　土屋恵一郎、中沢新一
発行所　明治大学出版会
〒101-8301
東京都千代田区神田駿河台1-1
電話　03-3296-4282
http://www.meiji.ac.jp/press/
発売所　丸善出版株式会社
〒101-0051
東京都千代田区神田神保町2-17
電話　03-3512-3256
http://pub.maruzen.co.jp/
装　丁　坂川栄治+鳴田小夜子（坂川事務所）
編集協力　石塚亮、大塚美保子
印刷・製本　萩原印刷株式会社

ISBN 978-4-906811-21-2 C0074
©2017 Keiichiro Tsuchiya, Shin'ichi Nakazawa
Printed in Japan